イングランドのシティズンシップ教育政策の展開

カリキュラム改革にみる国民意識の形成に着目して

菊地かおり

東信堂

はしがき

　筆者がこのテーマに取り組み始めたのは、卒業論文を執筆するときであった。指導教員から、イングランドのシティズンシップ教育の動向が興味深いのではないかという示唆を受け、このテーマに取り組み始めた。当初の卒業論文のテーマは外国籍（人）児童生徒教育であり、ブラジル人学校でのフィールド調査を進めていたが、自分自身ではどうもうまく研究を進められず、思い切ってテーマを変更した。

　はじめ、日本の外国籍（人）児童生徒教育とイングランドのシティズンシップ教育はまったく異なるテーマであるように思えた。しかし、研究を進めるうちに、両者には重要なつながりがあることに気づいた。そもそも筆者の関心は、「国民」と「外国人」とを分ける境界にあった。つまり、なぜ日本の教育制度は「国民（＝日本人）」育成が中心であり、そこから外国人が排除されてしまうのかという点に問題意識をもっていた。誰がある集団の内側にいて（わたしたち／we）、誰がある集団の外側にいるのか（他者／others）、そしてこの決定そのものがどのようになされているのか。このような問いについて考えるとき、シティズンシップ教育を理論的に支えるシティズンシップ研究の分野において非常に重要な論点が提起されていたのである。

　シティズンシップ研究は幅広い領域であるが、「国民」の境界の生成、維持、変容が一つの研究対象となっており、その境界がどのように創り出され、制度化され、世界を認識する一つの枠組みとして作用しているのかを明らかにしようとする。このようなシティズンシップ研究の知見を参照することで、「国民」と「外国人」の境界の恣意性や構築性を明らかにできるのではないかと考えた。同時に、このような視点をもつことは、「国民」と「外国人」の境界を自明のものとせず、社会における成員の多様性を受け入れるための一助にもなるのではないかと考えた。

　シティズンシップはまずもって「市民権」や「市民性」と訳されることから、シティズンシップ教育は「国民」とは異なる「市民」を育成する教育であるよ

うに思えるかもしれない。研究協力者として参加した科学研究費補助金の研究プロジェクト（あとがき）においても、その主眼は国民形成とは異なる、市民形成の論理を析出しようというねらいがその出発点にあった。しかしながら実際は、シティズンシップは「国籍」とも訳され、また、シティズンは国籍を有する「国民」を意味する場合もある。すなわち、シティズンシップ教育という言葉が用いられていても、その内実は多様であり、結局のところ「国民」教育と同義である場合も考えられるのである。

　本書は、シティズンシップ研究の動向を踏まえつつ、国民意識の形成という点に着目してイングランドのシティズンシップ教育政策を分析するものである。シティズンシップ研究は、主に移民や国籍との関連で進められてきているが、教育においては「国民」の境界設定の問題がどのように作用しているのだろうか。とくに、国民国家という枠組みでシティズンシップ教育が推進される場合、国民意識の形成と強く結びついてしまう可能性があるのではないかと考えた。シティズンシップ教育政策の立案過程において、国民意識の形成という課題がどのように生じてくるのか、またカリキュラムとしてどのように具体化されていくのか。加えて、なぜ「国民」の境界が強化されたり、弱められたりするのか。その背後にはどのような要因があるのか。その一端を、この研究を通じて明らかにしたいと考えた。

　本書では、「シティズンシップ（国籍／市民権／市民性）」概念の複雑さとともに、「イギリス」の複雑さが提示されることになる。研究を始めた当初にはまったく予想していなかったのだが、「イギリス（UK/ Britain/ England）」という国はその歴史的な成り立ちも、教育を含むさまざまな社会制度も非常に複雑であり、まず基本的な事柄を把握するのに非常に時間がかかった。本書ではこの複雑さを簡略化せずに、それをできる限り説明可能なかたちで、複雑なことをできるだけ複雑なまま提示しようと努めた。このような複雑さを理解することが、今「イギリス」で起きていることを理解するには必須のことだと考えたからである。このことは、本書のタイトルをイギリスではなく「イングランド」としたことにも表れている。

　この「イギリス」の書き分けも含めて、本書では、これまでの先行研究を

乗り越えるためのいくつかの挑戦をしている。この試みが果たして成功したかどうかは、読者の判断に委ねたい。忌憚のないご批判をいただければ幸いである。

目　次

イングランドのシティズンシップ教育政策の展開

はしがき …………………………………………………………… i

略語一覧 ………………………………………………………… ix

序　章 ……………………………………………………… 3

第 1 節　研究の目的と問題の所在 …………………………… 3
　(1) 研究の目的　3
　(2) 問題の所在　3

第 2 節　研究課題の設定 …………………………………… 10
　(1) 研究課題の設定　10
　(2) 分析対象　11
　(3) 論文の構成　14

第 3 節　先行研究の検討 …………………………………… 16
　(1) シティズンシップ論の系譜とその論点　16
　(2) イングランドのシティズンシップ教育に関する先行研究　18
　(3) イングランドのシティズンシップ教育政策に関する先行研究の検討　20
　(4) 残された課題　22

第 4 節　研究の方法 ………………………………………… 23
　(1) 分析枠組み　23
　(2) 訳語について　31
　(3) 研究の限界　34
　(4) 研究の意義　35
　注　36

第 1 章　帝国に由来するシティズンシップの特質 ………… 43

第 1 節　地位としてのシティズンシップ ………………… 44
　(1) 帝国における成員の法的地位　44
　(2) 第二次大戦後から 1980 年代までの移民政策の展開　46

第2節 権利としてのシティズンシップ ……………………… 48

(1) コモン・ローとブリテン「憲法」 48

(2)「市民的自由」を重視した権利保障 48

(3) 法的地位によって差異化された権利 50

第3節 アイデンティティとしてのシティズンシップ …… 52

(1) ナショナルアイデンティティの重層性 53

(2) 教育とナショナルアイデンティティ 55

(3) 日本のイギリス教育研究における国民教育に関する検討 57

第4節 小　括 ………………………………………………… 57

注 58

第2章 シティズンシップをめぐる共通認識の欠如… 63
──第1期カリキュラム改革

第1節 1988年教育改革法成立以前のシティズンシップ教育 … 65

第2節 共通カリキュラムの導入とナショナルアイデンティティの形成 67

(1) 1988年教育改革法の成立と共通カリキュラムの導入 67

(2) 教科横断型テーマ「シティズンシップ教育」の提案 69

(3) 共通カリキュラムの導入を通じたナショナルアイデンティティの形成 69

第3節 シティズンシップ委員会の審議経過にみる論点の推移 … 71

(1) 委員会の設置とその目的 71

(2) 審議経過にみる論点の広がり 73

(3) 権利と国籍をめぐる議論 74

第4節 委員会報告書にみるシティズンシップの定義 …… 75

(1) 委員会の勧告 75

(2) ブリテン社会を支える原則と人権との関連性 76

(3)「新しいシティズンシップ」としての人権 77

(4) シティズンシップを定義することの困難さ 78

(5)「残余」としての権利 79

(6) 重層的な共同体への帰属 80

第5節 『カリキュラムガイダンス』への反映 ……………… 81

(1) 刊行までの経緯 81

(2)『カリキュラムガイダンス』(1990年) への反映 82

第6節　小　括 ……………………………………………… 84
　　注　85

第3章　シティズンシップの明確化と人権との差異化… 89
　　──第2期カリキュラム改革

第1節　権利の明確化と国籍との関連の模索 ……………… 91
　　(1) 緑書『シティズンシップの特徴』(1994年)　92
　　(2) 白書『シティズンシップ』(1997年)　96
　　(3) 欧州人権条約の国内法化──1998年人権法の制定　98
第2節　シティズンシップ教育の必修化をめぐる審議経過にみる論点　100
　　(1) 労働党政権の発足と学校におけるシティズンシップ教育の推進　100
　　(2) 助言グループの設置と最終報告書提出までの経緯　101
第3節　『クリック報告』にみるシティズンシップの定義… 106
　　(1) クリック報告の勧告──シティズンシップ教育の必修化　106
　　(2) シティズンシップ観の転換──臣民から市民へ　108
　　(3) シティズンシップ教育の目的と3つの要素　111
　　(4) 政府と個人の関係の変容──シティズンシップと人権との差異化　115
　　(5) 複合的なナショナルアイデンティティと重層的な共同体への帰属　119
第4節　共通カリキュラム「シティズンシップ」への反映… 121
　　(1)「シティズンシップ」(1999年) への反映　121
　　(2) 単元構成例への反映　123
第5節　小　括 ……………………………………………… 127
　　注　128

第4章　連合王国における共生に向けたシティズンシップ 133
　　──第3期カリキュラム改革

第1節　アイデンティティの基盤としての国籍 ……………… 135
　　(1) 白書『安全な国境、安心な避難地』(2002年)　137
　　(2) 報告書『新しくきた人びとと昔からいる人びと』(2003年)　139
　　(3)『連合王国における生活』　142
第2節　地下鉄・バス同時爆破事件とカリキュラム見直しの要請… 143
第3節　『アジェグボ報告』にみるシティズンシップの定義… 146

（1）アジェグボ報告の勧告――第4の要素の検討　146

（2）シティズンシップ教育と多様性のための教育　150

（3）ブリティッシュネスと共有の価値　153

（4）包摂の境界としての連合王国　158

第4節　共通カリキュラム「シティズンシップ」への反映…　161

（1）公表までの経緯　161

（2）「シティズンシップ」（2007年）への反映　162

第5節　小　括 ……………………………………………………　165

注　166

終　章 …………………………………………………………… 173

第1節　本研究の成果と意義 …………………………………　173

（1）分析結果　173

（2）総　括　176

（3）本研究の意義　179

第2節　今後の課題 ……………………………………………　181

資料編 …………………………………………………………………　183

資料A　『カリキュラムガイダンス8：シティズンシップ教育』（1990年）　183

資料B　共通カリキュラム「シティズンシップ」（1999年）　188

資料C　共通カリキュラム「シティズンシップ」（2007年）　190

引用・参照文献一覧 …………………………………………………　195

Ⅰ　資　料　195

Ⅱ　文　献　197

あとがき …………………………………………………………………　207

初出一覧 …………………………………………………………………　210

事項索引 …………………………………………………………………　211

人名索引 …………………………………………………………………　214

略語一覧

省庁等

DfEE   Department for Education and Employment
教育雇用省（1995 年 7 月〜 2001 年 6 月）

DfES   Department for Education and Skills
教育技能省（2001 年 6 月〜 2007 年 6 月）

DSCF   Department for Children, Schools and Families
学校・子ども・家庭省（2007 年 6 月〜 2010 年 6 月）

NCC   National Curriculum Council
教育課程審議会

Ofsted   Office for Standards in Education
教育水準局

QCA   Qualifications and Curriculum Authority
資格・カリキュラム機構

教育課程

KS   Key Stage
キーステージ（4 つの教育段階）

PSE   Personal and Social Education
人格・社会性教育

PSHE   Personal, Social and Health Education
人格・社会性・健康教育

その他

ECHR   European Convention on Human Rights
欧州人権条約

EC   European Community
欧州共同体

EU   European Union
欧州連合

UK   United Kingdom
連合王国

イングランドのシティズンシップ教育政策の展開
──カリキュラム改革にみる国民意識の形成に着目して

序　章

第1節　研究の目的と問題の所在

(1) 研究の目的

　本研究の目的は、共通カリキュラム導入以降のイングランド[1]におけるシティズンシップ教育政策を取り上げ、カリキュラム改革をめぐる議論にみる国民意識の形成にかかわる論点の変化を明らかにすることである。その際、国民意識の形成にかかわるシティズンシップの要素として、地位(国籍)、権利、アイデンティティに着目し、それらの要素がどのように把握されていたのかを跡づけることによって、国民国家を前提とするシティズンシップとは異なるシティズンシップが模索されていたことを指摘する。このことを通じて、本研究ではグローバル時代において国民形成の理念をどのように再構築するのかという問いに取り組む。

(2) 問題の所在

　グローバル化とシティズンシップの変容

　1990年代以降、世界各国でシティズンシップの育成が政策課題として掲げられるようになった[2]。シティズンシップ教育(citizenship education)[3]は、定義の仕方によって歴史や起源をさらに遡ることも可能である[4]。本研究において着目するのは、近年の社会変化によって生じた新しい課題への対応をその端緒とするシティズンシップ教育をめぐる議論である。その社会変化とは、①1970年代以降の福祉国家をめぐる問題、②若年層の政治的無関心への危機感、③東欧を中心とする国家再編、経済のボーダレス化による労働力の移

動である（金田 2000: 126-127）。それぞれの文脈においてシティズンシップは課題設定の鍵概念となってきた。

　本研究において重視するのは③の文脈、とりわけグローバルな労働力移動という文脈である。この文脈におけるシティズンシップ教育をめぐる議論について、仁平は「グローバル化の進展による国境の相対化という問題系」と表現している。すなわち、「労働力の移動に伴う国境の相対化や多文化・多民族化が進む中で、共同性やメンバーシップをどう再定義するかという問い」が提起されているのである（仁平 2009: 173）[5]。グローバル化の進展によって国境を越えた人びとの移動が増大し、国籍を有する国（国籍国）と実際に権利を享受し、義務を果たす国（居住国）とが一致しない状況が以前に増して顕在化している。また同時に、重層的・複合的なアイデンティティの承認を求める声がますます高まっている。このような「シティズンシップのギャップ」（Brysk 2002）が生じる状況の中で、誰にどのような権利を付与し、義務を課すのか。重層的・複合的なアイデンティティをどのように取り扱うのかという問いが提起されている。シティズンシップをめぐって問われているのは、「『国民国家』の変容に伴って起こっている国家／社会のメンバーシップの問い直しと再編」（NIRA・シティズンシップ研究会 2001: ⅲ）なのである。言い換えれば、国境の相対化という問題系の核心には、「国民国家を前提とするシティズンシップ（national citizenship）」の再検討という課題がある。

　シティズンシップ教育は従来の国民形成のあり方を問い直し、国民国家の枠組みを相対化するような契機を含んだ教育活動という側面がみられる。このような側面がもっとも顕著にあらわれているのは、欧州におけるシティズンシップ教育であろう。近藤は、欧州各国でシティズンシップ教育が推進されている背景について次のように指摘している。すなわち、「かつて〔…略…〕主権国家は確固たる（べき）ものであり、教育の対象である国民は明確な形で存在すると考えられていた。〔…略…〕原理は多様でもメンバーの範囲が安定しているという形式面での共通性は確かに存在した」（近藤 2013: 3,〔　〕内引用者）。しかし、このような前提条件はすでに揺らいでおり、「各国で、主権を相対化し、また政治と社会の構成員の範囲を広げようとする力と、それを

押しとどめようとする力がせめぎ合っている」(近藤 2013: 4) という。欧州では統合の進展に伴い、「どの国民も隣国の国民と政治的権利を部分的に共有している」状況が生じていることから、「社会を構成するメンバーの範囲を広げて考えようとする姿勢が市民性〔＝シティズンシップ〕教育への要求となって表出していると言ってよいだろう」(近藤 2013: 4、〔 〕内引用者) と述べている。欧州の動向の特徴は、主権国家の枠組みにとらわれないシティズンシップ (国家あるいは社会の構成員としての資格) が社会制度として成立しており、そのような前提のもとでシティズンシップ教育が推進されているということにある。

　本研究における問題意識は、グローバル化が進展する中で新しい取り組みとして注目されているシティズンシップ教育が各国において政策として推進される際に、社会に包摂される人びとの範囲、ひいてはその統合の原理をどのように組み替えているのかという点を明らかにすることである。換言すれば、国家あるいは社会の構成員の範囲やその意味をめぐる認識の変化が、カリキュラム改革を通じて提示されるシティズンシップ教育の内実やその中核となる価値をどのように構築／再構築しているのかを明らかにしたいと考えている。その理由は、シティズンシップ教育に国民国家の枠組みを相対化するような契機が含まれているとしても、各国における政策に目を向けた場合、このような側面が論点として浮上するかどうかについては個別の検討が必要となるからである。実際、シティズンシップ教育と呼ばれる教育政策の内実は多様であり、国民＝市民、あるいは nation=citizen という図式が成立していることも少なくない (嶺井 2007)。このことはシティズンシップという言葉が用いられながらも、従来通りの国民形成が模索されているに過ぎないという場合があることを示唆している。ここから導かれるのは、シティズンシップ教育政策の推進において国境の相対化という状況がどのように認識されているのか、国民／市民形成の内実がどのように変容しているのかという問いである[6]。

　本研究においては、シティズンシップ教育における中核となる価値の位置づけに焦点をあてて分析を行う。とくに、その中核となる価値が国民意識の

形成とどのように関連づけられるのかに着目する。この点については、岡本の議論が示唆的である。日米の歴史教科書について検討した岡本はアンダーソンの議論を参照しながら、ナショナリズムの第二段階において生じる「『歴史記述の意識』(historiographical consciousness) が、『国民的に定義される』(defined nationally) 現象」に着目している (岡本 2001: 11)。ここで重要なのは、「論理的には必ずしもネイション単位で区切られる必要のない、人びとの『歴史記述の意識』が、ほかならぬ近代教育の力によって (図書室と学校の教室を通して)、『国民的に定義される』ようになる」という点である (岡本 2001: 13、強調原文)。この点は、シティズンシップの歴史においても共通している。近代においては、ある国家において国民としての地位 (国籍) をもつ者のみが、その地位 (国籍) に付随する一連の権利 (市民権) を有することとなった。ヒーターの言葉を借りれば「200 年間、市民権 (citizenship) と国籍 (nationality) は政治的にはコインの裏表のような存在であった」(Heater 1999: 95=2002: 164) のである [7]。つまり、それ以前のシティズンシップはネイションとは独立したかたちで定義されていたということである。このことは、論理的にはシティズンシップは必ずしもネイションと結びつく必要はないということを意味している。

イングランドのシティズンシップ教育とナショナルアイデンティティの形成——中核となる価値の模索

イングランドでは、1980 年代後半からシティズンシップ教育の推進が政策課題として掲げられるようになった。それ以前にもシティズンシップ教育に関する個別の取り組みはなされていたが、カリキュラムの設定が政策上の課題となるのは比較的近年になってからである。その理由は、イングランドにおいてはカリキュラムの全国基準がそもそも存在せず、1988 年教育改革法 (Education Reform Act 1988) の成立後に初めて共通カリキュラム (national curriculum) [8] が導入されたためである。1988 年教育改革法の成立により共通カリキュラムが初めて導入された際、シティズンシップ教育は共通カリキュラムには含まれなかったが、教科横断型テーマ (cross-curricular themes) の一つとして位置づけられた [9]。その後、共通カリキュラムの教科に加えられること

になり、2002 年から中等教育段階 (KS3-4: 11~16 歳) において必修化されている。

　共通カリキュラムの導入に始まるイングランドのシティズンシップ教育政策の展開[10] をみると、中核となる価値とナショナルアイデンティティとの関連に変化がみられる。議論の発端となる 1980 年代後半から 2000 年代前半の議論においては、シティズンシップ教育の中核となるべき価値をナショナルアイデンティティと結びつけるのは困難、あるいは望ましくないとみなされていた。ところが 2000 年代半ばになると、シティズンシップ教育において中核となる価値とナショナルアイデンティティとの関連が重視されるようになる。特に 2005 年に始まる中等教育段階のカリキュラム改訂をめぐっては、シティズンシップ教育を通じて共有されるべき価値が「ブリテン人らしさ／ブリティッシュネス (Britishness)」との関連において示されるようになるのである[11]。

　共有されるべき価値がナショナルアイデンティティと結びつけられるようになる背景としては、2000 年代以降、国内の社会統合をめぐる問題がますます顕在化したことが挙げられよう。2001 年の暴動や 2005 年の地下鉄・バス同時爆破事件をきっかけとして統合のあり方に対する疑問が噴出した (Grillo 2010)。また 1990 年代の移民法や国籍法の改正以降、旧植民地出身ではなく歴史的なつながりが希薄な国からの移民が増加し、社会に「超多様性 (super-diversity)」をもたらしている (Vertovec 2007)。このような状況の中で教育を通じた価値の共有がますます重要な課題とみなされ、シティズンシップ教育にその役割が期待されるようになったとみることができる。

　このような社会統合をめぐる問題の顕在化は重要なきっかけとなったと考えられるが、しかしそれだけではシティズンシップ教育を通じた価値の共有がナショナルアイデンティティの形成と結びつけられるようになった背景を十分に説明できないと考える。2005 年の事件は社会に大きな衝撃を与えたが、イングランドの歴史的文脈をたどると多民族・多文化社会における統合の問題は戦後長らく存在してきたからである (佐久間 2003)。実際、共通カリキュラム導入期にもナショナルアイデンティティの形成をめぐる議論がなされていた。しかし当時、ブリテン (British) の遺産と文化の伝達について論じられ

たのは主として英語、歴史及び宗教教育との関連においてであって、シティズンシップ教育との関連については指摘されていない（Kerr 1999a: 220）。この背後には、シティズンシップ教育を通じて共有されるべき価値とナショナルアイデンティティとの関連づけを退けてきた論理が存在していたと考えられる。

　カーは、シティズンシップ教育を通じた価値の共有がナショナルアイデンティティの形成と結びつかなかった根深い（deep-rooted）理由として次の点を指摘している。それは「ネイションへの忠誠を求められたり、学校や社会全体を通じて生徒に伝達されたりする市民的原則や価値を支える共通の核（common core）」がそもそも存在しなかったということである（Kerr 1999a: 210）。この指摘を手がかりとすれば、1990年代には「共通の核」となるものが見出されなかった一方で、2000年代には何らかの核の存在が認められるようになったと考えられる。しかし、先行研究においてはこの点に着目してシティズンシップ教育政策の展開を通時的に分析したものはみられない。本研究では議論の端緒となる1980年代後半の共通カリキュラム導入期から2000年代にかけての議論を検証することで、この変化の背景について説明を試みる。

帝国に由来するシティズンシップからの転換

　カーの指摘を手がかりとして検討を行う際、本研究においてはブリテンのシティズンシップが帝国に由来するものであるという点に着目する。このことが、シティズンシップの「共通の核」を容易に把握することができなかった一つの理由ではないだろうか。この「帝国に由来するシティズンシップ（imperial citizenship）」は主としてブリテンの移民政策研究において指摘されてきた（Dummett & Nicol 1990; Dummett 1994; Brubaker 1989; Karatani 2003）。この研究分野において中心的に論じられてきたシティズンシップは、主として「地位としてのシティズンシップ」といえる国籍である。帝国に由来するシティズンシップの特質については第1章で詳述するが、このような歴史的視点はブリテンのシティズンシップの特質を理解するうえで不可欠であると考える。

　帝国に由来するシティズンシップに着目することから、本研究では、シティ

ズンシップ教育政策のみならず、シティズンシップが鍵概念となる他の政策領域（移民政策等）の展開を視野に入れた分析を行うことになる。つまり、ブリテンにおけるシティズンシップの特質を多方面から浮き彫りにすることで、シティズンシップ教育政策にみる中核となる価値とナショナルアイデンティティの形成との関連を明らかにすることができると考える。言い換えれば、検討の中心となるのは、帝国に由来するというブリテンのシティズンシップの特質がシティズンシップ教育政策の展開においてどのように理解され、また論点となってきたのかを明らかにするということである。

　次節において改めて検討するが、イングランドのシティズンシップ教育を事例とする先行研究において、ブリテンにおけるシティズンシップの特質を踏まえた分析を行っているものは管見の限りほとんどみられない。その理由は、シティズンシップ教育研究においてなされる議論は、まずもって「実践としてのシティズンシップ」といえる社会に参加する資質にかかわる議論がその中心を占めてきたからである。そのため、移民政策の文脈で論じられるような「地位としてのシティズンシップ」への言及が常になされるわけではない。しかし、本研究において見逃すことができないのは、1980年代後半の共通カリキュラム導入期のシティズンシップ教育に関する議論においては、国籍や権利のあり方についても同時に論じられていたという点である。このとき、帝国に由来するシティズンシップの特質でもある重層性や複合性は、シティズンシップの定義に曖昧さや混乱をもたらすものとみなされ、問題視されるようになる。また、2000年代半ばからみられるようになるシティズンシップ教育における中核となる価値とナショナルアイデンティティとを関連づけようとする発想は、それに先行する移民政策の展開によって議論が補強されたと考えられる。

　帝国に由来するシティズンシップを検討の出発点とするとき、シティズンシップ教育をめぐる理論的潮流は、イングランドの文脈においては別のかたちで表出している可能性が生じてくる。つまり、現在問い直しが行われている「国民国家を前提とするシティズンシップ」はイングランドの文脈においてはこれまで存在しておらず、また目標にもなってこなかった全く新しい考

え方であるということである。先に、カリキュラム改革を通じて提示される
シティズンシップの内実やその中核となる価値をどのように構築／再構築し
ているのかという問いを提示したが、イングランドの文脈においては、国民
国家を前提とするシティズンシップの再構築ではなく、まさに現在、それを
構築しようとする状況が現れつつあるのではないだろうか。つまり、ブリテ
ンにおけるシティズンシップをめぐる歴史的背景とイングランドのシティズ
ンシップ教育政策の展開を照らし合わせたとき、まさに帝国から国民国家へ
の過渡期として国家あるいは社会の構成員の範囲の変更が行われているので
はないかということである[12]。

第2節 研究課題の設定

(1) 研究課題の設定

　本研究の目的は、共通カリキュラム導入以降のイングランドにおけるシ
ティズンシップ教育政策を取り上げ、カリキュラム改革をめぐる議論にみる
国民意識の形成にかかわる論点の変化を明らかにすることである。

　この目的を達成するために、以下の課題を設定する。

　課題1：ブリテンにおける帝国に由来するシティズンシップの特質を整理
　　する。

　課題2：シティズンシップ教育政策と、シティズンシップが鍵概念となる
　　他の政策領域（移民政策等）に接点がみられることを指摘する。

　課題3：シティズンシップ教育を通じた国民意識の形成について、中核と
　　なる価値の位置づけに焦点をあてて明らかにする。

　まず、**課題1**に関しては、「帝国に由来するシティズンシップ」と「国民
国家を前提とするシティズンシップ」という分析枠組みを設定する。さらに、
ポストナショナルなシティズンシップ論及びシティズンシップ教育論の先行
研究をもとに、シティズンシップの3つの要素として地位（国籍）、権利、ア
イデンティティという区別を設ける。課題1については、序章及び第1章に
おいて取り組む。

次に、**課題 2** 及び**課題 3** に関して、シティズンシップ教育のカリキュラム改革を 3 つの時期に区分し、共通カリキュラム導入以降の展開に着目する。そして、それぞれの時期における帝国に由来するシティズンシップの組み換えにかかわる他の政策領域の動向を、「国籍」、「権利」、「人権」、「ブリティッシュネス」をめぐる議論に着目して整理し、シティズンシップ教育政策との接点がみられることを指摘する。その上で、中核となる価値のカリキュラム上の位置づけを分析することで、国民意識の形成にかかわる論点の変化を明らかにする。課題 2 及び課題 3 については、序章、並びに第 2 章から第 4 章において取り組む。

(2) 分析対象
事例選定の理由

本研究でイングランドのシティズンシップ教育政策を事例とする理由は、以下の 3 点にまとめられる。第一の理由として、イングランドにはそれ以前にシティズンシップ教育に類する教科が存在せず、まさに 1990 年以降の世界的な潮流のもとで新たに推進されてきた教育政策であることである。「イングランドは欧州連合 (EU) のうちで (ベルギーを除いて)、学校のカリキュラムに公民 (civics)、あるいはシティズンシップ教育が存在しない、数少ない国の一つであった」という (Kerr 1999b: 277)。前例がない状態からシティズンシップ教育を新たに構想するという状況にあったからこそ、シティズンシップのあり方を幅広く、また根本的に検討する作業が必要となったと考えられる。

第二の理由として、上記の点とも関連するが、シティズンシップを鍵概念とする幅広い政策領域における議論の影響を受けつつ、シティズンシップ教育政策を通じた国家あるいは社会の構成員のあり方が論じられたからである。ただし、その関連は一貫して見出せるのではなく、ある時期には緊密な関連のもとに、ある時期には比較的独立したかたちでシティズンシップ教育の構想が導かれることとなった。

第三の理由として、イングランドは、連合王国、ブリテン、欧州という多元的な社会構造の力関係の中で自らの位置取りを模索している状況にあると

いう点である。また、国内においても民族的・人種的・宗教的な多様性の問題を抱えており、さらには、ウェールズ、スコットランド、北アイルランドへの権限委譲のあり方も問われている。シティズンシップ教育政策を通じた統合の方向性を明らかにすることは、グローバル時代の国民形成の理念の再構築について検討する上での一つの参照枠となると考える。

分析対象とする時期

本研究では、1988 年から 2010 年の約 20 年にわたるシティズンシップ教育政策の展開を跡づける。イングランドではこの間に、シティズンシップ教育については 3 回のカリキュラム改革（創設及び改訂）が行われている。本研究では、それに対応するかたちでカリキュラム改革を 3 期に分けて把握する。

まず起点となる 1988 年であるが、これは教育改革法の成立によって画定される。イングランドでは、1944 年教育法（Education Act 1944）により宗教教育を行うことを義務づけていたほかは、従来カリキュラムは基本的に地方教育当局（実質的には各学校）が定めることとされてきた。しかし、1988 年教育改革法により、必修 10 教科からなる共通カリキュラムが初めて導入されることとなり、その内容は教育大臣が定めることとされた（文部科学省 2002: 47）。1988 年以前にも各学校の自主的な取り組みによってシティズンシップ教育が行われており（木原 1999: 165）、また公的機関や政府もシティズンシップ教育に関する文書を提出していたが、イングランドの共通カリキュラムの法的枠組みが存在するのは 1988 年以降のこととなる。つまり、イングランドにおける共通カリキュラムの導入は、共通の資質を育成する必要性が認識されたという意味で、一つの画期をなす出来事であるといえる。

カリキュラム改革は以下の 3 期に分かれる。まず、共通カリキュラム導入後に教科横断型テーマとしてシティズンシップ教育が構想された第 1 期カリキュラム改革（1988 年 ~1990 年）、続いて、必修教科としてシティズンシップ教育が構想された第 2 期カリキュラム改革（1997 年 ~2000 年）、その後、中等教育段階のカリキュラム見直しに伴って、シティズンシップ教育のカリキュラムが再検討されることになる第 3 期カリキュラム改革（2005 年 ~2007 年）で

表 0-1　連合王国における政権の変遷 (1979 年〜 2015 年)

年／月	事　項
1979 年 5 月	サッチャー保守党政権 (第 1 次内閣)
1983 年 6 月	サッチャー第 2 次内閣
1987 年 6 月	サッチャー第 3 次内閣
1990 年 11 月	メージャー保守党政権
1997 年 5 月	ブレア労働党政権 (第 1 次内閣)
2001 月 6 月	ブレア第 2 次内閣
2005 年 5 月	ブレア第 3 次内閣
2007 年 6 月	ブラウン労働党政権
2010 年 5 月	保守党・自由民主党連立政権 (キャメロン第 1 次内閣)
2015 年 5 月	キャメロン保守党政権 (第 2 次内閣)

ある。なお、括弧内はカリキュラム見直しの開始からガイドラインあるいはカリキュラム公表までの時期を示している。

　本研究では上記の 3 つの時期のカリキュラム改革をめぐる議論に着目して分析を行う。なお、2010 年に労働党が政権を失い、保守党・自由民主党の連立政権が発足する。本研究では連立政権発足以降のカリキュラム改革については検討対象としない[13]。

資　料

　a) 政府刊行物

　主要な検討対象となるのは、シティズンシップ教育のカリキュラム創設及び改訂に向けて発表された報告書である。主要な報告書は以下の通りである。

第 1 期カリキュラム改革
　…『シティズンシップの促進』(1990 年)
第 2 期カリキュラム改革
　…『学校におけるシティズンシップ教育と民主主義の教授 (クリック報告)』(1998 年)
第 3 期カリキュラム改革
　…『カリキュラム・レビュー：多様性とシティズンシップ (アジェグボ報告)』(2007 年)

　また、政府委託による調査研究や国会における調査研究についても参照する。

b) 政策立案にかかわった人物の著作

シティズンシップ教育のカリキュラム改革を主導した人物（政治家、研究者）の著作も検討対象に加える。それぞれの時期の議論を主導した人物は、第1期は、ピアーズ・ガードナー（Gardner, Piers）、ケン・フォーゲルマン（Fogelman, Ken）、第2期は、バーナード・クリック（Crick, Barnerd）、第3期はディナ・キワン（Kiwan, Dina）である。

第1期は、シティズンシップ教育のあり方を模索している段階である。この時期にはシティズンシップの定義をめぐって、法律の専門家の助言を受けることになる。その際に参照されたのがガードナーの議論である。また、フォーゲルマンはシティズンシップ教育の実態調査を行った。調査研究は行われたが、シティズンシップ教育に関して中心的な論客は存在しなかった時期といえる。

第2期の改革を主導したのは、当時の教育雇用大臣であったディビッド・ブランケット（Blunkett, David）と政治哲学者のクリックである。両者は民主的な社会の維持と市民の参加を重視するという点で、同じような理想をいだいていた。クリックはシティズンシップ教育の助言グループの議長として報告書を取りまとめた人物である。

第3期の改革の理論的基礎を提供したのは、研究者のキワンである。キワンはもともと移民政策の文脈においてクリックとともに仕事をした経験をもつ。このことから、移民政策とシティズンシップ教育政策との関連を重視した研究者である。キワンは検討グループの一員として報告書の理論的側面を担当した。

(3) 論文の構成

第1章では、先行研究を手がかりとして、ブリテンにおける帝国に由来するシティズンシップの特質を整理する。その際、シティズンシップの3つの要素として地位（国籍）、権利、アイデンティティに着目する。

第2章では、シティズンシップ教育が教科横断型テーマの一つとしてカリ

キュラムに位置づけられる第1期カリキュラム改革を取り上げる。第1期は、イングランドにおいて初めて共通カリキュラムが導入され、教育制度自体の大幅な改革が行われた時期である。この時期のシティズンシップ教育については、先行研究において新自由主義思想のもとで構想されたシティズンシップ教育への批判がなされた。このことを踏まえつつも、本章では、帝国に由来するシティズンシップのあり方が問題とみなされるようになる論理を明らかにする。そして、人権がシティズンシップ教育における中心的な概念として浮上してくることを指摘する。

　第3章では、シティズンシップ教育の必修教科化が提起される第2期カリキュラム改革を取り上げる。先行研究においては、第2期の労働党政権下のシティズンシップ教育の取り組みは、前保守党政権下の取り組みとの連続性をどの程度有しているのかという点が問われてきた。本章では、第1期カリキュラム改革において中心的な概念となった人権の位置づけに着目する。また、ナショナルアイデンティティの形成についてどのような立場が示されたのかを明らかにする。

　第4章では、シティズンシップ教育のカリキュラムの見直しが行われる第3期カリキュラム改革を取り上げる。シティズンシップ教育のカリキュラムの見直しは、2005年の地下鉄・バス同時爆破事件後をその発端としている。この事件を契機として、ナショナルアイデンティティ（ブリティッシュネス）がますます問われるようになった。そして、連合王国の国民／市民を結びつける紐帯としてシティズンシップが位置づけられるようになる。しかし、実際のカリキュラムにおいてはブリティッシュネスではなく、連合王国（UK）という枠組みが前面に押し出されるようになった。

　以上の分析を通じて、イングランドのシティズンシップ教育政策の展開においては、帝国に由来するシティズンシップの組み換えを背景として、国民国家を前提とするシティズンシップへの接近という論点の変化がみられることを指摘する。しかしまた同時に、国民国家を前提とするシティズンシップとは異なるシティズンシップのあり方が模索されていることの重要性を指摘する。最後に、グローバル化時代のシティズンシップ教育のあり方について考察を加える。

第3節　先行研究の検討

(1) シティズンシップ論の系譜とその論点

イングランドのシティズンシップ教育に関する先行研究を検討する前に、シティズンシップ教育研究の潮流について整理しておきたい。シティズンシップ教育への関心の高まりはシティズンシップ論への関心の高まりとともに生じてきたという側面がある。そのため、シティズンシップ教育研究においてはしばしば、シティズンシップ論における議論が参照されることになる。デランティはシティズンシップ論の展開について、シティズンシップの形式的側面（権利及び義務）の重視から実質的側面（参加やアイデンティティ）へと関心が移ってきたことを指摘している（Delanty 2000: 10=2004: 21）[14]。このような参加やアイデンティティを重視する見方が、シティズンシップ教育への関心の高まりをもたらしているといえよう（岸田・渋谷 2007）。

問題の所在の冒頭において、シティズンシップ教育をめぐる議論は近年の社会変化によって生じてきたとして、金田の整理をもとに3つの文脈を提示した。それは、①1970年代以降の福祉国家をめぐる問題、②若年層の政治的無関心への危機感、③東欧を中心とする国家再編、経済のボーダレス化による労働力の移動である（金田 2000: 126-127）。ここで再度、それぞれの文脈におけるシティズンシップの論点について確認し、イングランドの文脈との関連について示しておきたい。

まず、①に関しては、シティズンシップが内包している権利と義務、あるいは責任の間のバランスが問題となった（金田 2000: 126-127）。この論点にかかわって盛んに参照されたのが、トマス・マーシャル（Marshall, Thomas H.）の著作である。マーシャルは「シティズンシップとは、ある共同社会の完全な成員である人びとに与えられた地位身分（a status）である。この地位身分を持っているすべての人びとは、その地位身分に付与された権利と義務において平等である」（Marshall & Bottomore 1992: 18=1993: 37）[15] という定義を示した。岡野はマーシャルのシティズンシップ論の特徴について、「資本制が生み出す階

級間の不平等という現実を受け入れつつも、現実社会の不平等を克服するためのさまざまな運動を通じて十全たる市民にふさわしい権利内容が拡大することによって階級間の平等が達成されると考える点にある」とまとめている（岡野 2009: 37）。また仁平は、マーシャルの議論の中核には、福祉国家の理念的基礎である国家による社会権の保障を示す「社会的シティズンシップ」概念があるとする（仁平 2009: 188）。新自由主義思想の台頭のもとで、マーシャルの提起したシティズンシップは権利のみを主張する受動的なものであると批判を受けるようになる。

次に、②に関しては、健全で活力あるデモクラシーの持続発展のための市民の政治参加の重要性をめぐってシティズンシップが論じられた（金田 2000: 127）。この論点は、政治思想の文脈から提起されたものである。キムリッカによれば、さまざまな政治的な事象により、近代民主政治の健全性や安定性が基本的制度の正義だけではなく、市民の資質や態度にも依拠していることが明らかになってきたという。そして、「1990 年代になると、政治理論家は、市民の責任、忠誠心、役割といった、個々の市民のアイデンティティや行為の側面に焦点を合わせるようになった」という（Kymlicka 2002: 286=2005: 416）[16]。

最後に、③に関しては、政治共同体への帰属とその条件、またアイデンティティのよりどころとしてのシティズンシップが論じられた（金田 2000: 127）。この点については、冒頭の問題の所在において言及した通りである。

本論において詳述するが、イングランドのシティズンシップ教育政策の展開においては、③の文脈は、コモンウェルス、あるいは欧州連合（EU）との関係をどの程度重視するのかという論点として浮上してくることになる。すなわち、大英帝国後の連合王国／ブリテンの構成員の範囲をどのように定義するのかという点が問われることになるのである。

また、イングランドのシティズンシップ教育政策の展開においては、①と②の文脈がシティズンシップ教育への関心が高まる重要な契機となった。注目すべきは、この 2 つの文脈はその根底にある問題認識を異にしながらも、「行動的シティズンシップ（active citizenship）」の育成を共通の目標としていたことである。この点について、仁平の指摘を踏まえておく必要があるだろう。

仁平は、行動的シティズンシップに依拠するシティズンシップ教育について、「〈教育〉によるシティズンシップ概念の――『社会的なもの』からの――奪取」と表現している (仁平 2009: 190)。言い換えると、シティズンシップ教育の推進は、新自由主義が意図する人びとの自助や自立を促すことによって福祉を代替しようとする立場に親和的であり、結果的に社会的権利を掘り崩すものとなっているのではないかという批判である。仁平の指摘は、シティズンシップ教育の評価を左右する論点として重要であろう。

しかし、シティズンシップ教育の推進が福祉の代替物としての役割のみに還元されるかといえば、そうではないと考える。シティズンシップ教育は、人びとが権利を実際に行使するための働きかけという側面もあり、また、現在の社会を批判的に捉え直すことをめざしているという側面もある。ただし、シティズンシップ教育研究においては「望ましい資質とは何か」という問いが中心となることで、国籍や権利といった法的側面との関連については問われないことが多い。仁平の指摘を踏まえるならば、シティズンシップ教育の構想において、社会参加のための諸条件が平等に保障されているかどうかという点まで問う必要があるだろう (平塚 2003: 24)。

(2) イングランドのシティズンシップ教育に関する先行研究

イングランドのシティズンシップ教育に関する先行研究は数多く存在しているが、共通カリキュラム導入期から 2000 年代までを通時的に検討したものは、管見の限り見当たらない[17]。その理由は、1997 年に労働党政権が発足し、1998 年に『学校におけるシティズンシップ教育と民主主義の教授』(クリック報告) が発表されてからイングランドのシティズンシップ教育に対する研究関心は高まりをみせることになるからである[18]。クリック報告では、シティズンシップ教育の 3 つの要素を定め、学校におけるシティズンシップ教育の基本的な枠組みを提示した。さらに重要なのは、シティズンシップ教育を中等教育段階における必修教科として共通カリキュラムに加えるよう提言したことである。このことによって、シティズンシップ教育の実践に関する研究が飛躍的に増大することになる[19]。そのため、先行研究の多くは 1997 年の

労働党政権発足以降の動向に焦点をあてており、共通カリキュラム導入期を分析したものは限られている。また、共通カリキュラム導入期のシティズンシップ教育政策に言及した先行研究において共通しているのは、当時の政策を新自由主義改革の一環とみなしているということである。新自由主義思想に基づいたシティズンシップ教育に対しては多くの批判がなされてきた（Carr 1991; Davies 1999; 木原 2001）。

　シティズンシップ教育政策を分析対象とした日本語の先行研究においては、保守党政権と労働党政権の政治思想の相違が主たる論点となっている。このような視点からの先行研究として、例えば、木原（1999; 2001）及び清田（2005）の研究が挙げられる。政策動向に言及している研究としては、窪田（2007）、武藤・新井（2007）が挙げられる。また、社会的包摂（social inclusion）という側面に着目して政策と実践を検証した北山（2014）の研究がある。その他、近年のシティズンシップ教育の動向を整理した研究として、佐久間（2007）による研究がある。

　2005 年以降は地下鉄・バス同時爆破事件の影響を受けて、シティズンシップ教育とアイデンティティの問題が焦点化されるようになる。つまり、「国民／市民とは誰か」という問いと「ブリテン人とは誰か」という問いが関連をもって提示されるようになる。この動向については、2008 年に *London Review of Education* において「民主的シティズンシップのための教育：多様性とナショナルアイデンティティ（Education for democratic citizenship: Diversity and national identity）」（Volume 6, Number 1, March 2008）という特集が組まれている。また、日本語の先行研究においてもシティズンシップ教育とナショナルアイデンティティの関連に着目したものがみられる（蓮見 2007、杉田 2010、北山 2011）。

　また、2007 年の『カリキュラム・レビュー：多様性とシティズンシップ』（アジェグボ報告）を分析対象としたものとして、Osler（2008）と片山（2008）が挙げられる。片山は、労働党政権下のブリティッシュネスをめぐる政治言説を検討し、イギリス（イングランド）のシティズンシップ教育におけるナショナルアイデンティティの位置づけについて分析を行っている。また、オスラーはアジェグボ報告について「シティズンシップの学習（と経験）が国民国家の枠

組みで構想され続けている」(Osler 2008: 22、( )内原文)と批判している。しかしいずれの先行研究においても、ネイションがどの政治共同体に基づくものであるのかを問う視点は不在である。それはいわゆる「イギリス」、あるいは Britain という呼称をめぐる内実の多様性、複雑性を反映しているともいえよう。

　本研究ではこれら先行研究の蓄積を踏まえつつ、イングランドにおけるシティズンシップ教育のカリキュラム改革の展開を、帝国に由来するシティズンシップからの転換という文脈に位置づけて読み解くことを試みたい。本研究が分析対象とする時期を労働党政権が発足する 1997 年より約 10 年前の共通カリキュラム導入期まで遡るのは、まさにこの時期にイングランドのシティズンシップ教育政策において帝国に由来するシティズンシップからの転換が模索され始めるからである。この文脈にシティズンシップ教育政策を位置づけることでみえてくるのは、一方では、シティズンシップに含意される諸要素を明確化するとともに、ナショナルな枠組みによってシティズンシップを定義しようとする方向性である。もう一方では、これまでの帝国としての歴史的経緯を引き継ぎながら、国民国家を前提とするシティズンシップとは異なる独自のあり方を模索しようとする方向性である。言い換えれば、理念としては国民国家が前提とするシティズンシップを追い求めながらも、帝国という歴史から自由にはなれない状況——あるいは、それを積極的に引き継ごうとする状況——との葛藤がみられるのである。

(3) イングランドのシティズンシップ教育政策に関する先行研究の検討

　ここでは、イングランドのシティズンシップ教育政策を主題とした先行研究として、木原 (2001) と清田 (2005) の研究を取り上げたい。まず、木原 (2001) は保守党政権と労働党政権におけるシティズンシップ教育政策の共通性と、労働党政権の独自性について考察している。木原は、その共通性として以下の 3 点を指摘している。それは、①「能動的な市民性 (active citizenship)」や「参加民主主義 (participative democracy)」という表現が継続的に用いられていること、②シティズンシップ教育における道徳教育、価値教育としての側面が強調さ

れていること、③労働者、あるいは経済行為者としての資質が重視される傾向にあることである（木原 2001: 106-108）。独自性としては、「新しい市民性教育〔＝シティズンシップ教育〕では、コミュニティの重要性が一層強調されている」ことを指摘している。しかし最終的には、両政府が共通の問題認識を抱えていたことなどから、「〔労働党政府の〕取り組みの独自性はむしろ、市民性教育における制度的な環境整備にあると思われる」と結論づけている（木原 2001: 110、〔　〕内引用者）。

　国民意識の形成に関しては、「英国という国家の枠組みにおける市民の養成を第一の目的としたものであり」、「両政府とも市民性教育を英国の国民教育として捉えている」（木原 2001: 107、傍点引用者）という指摘、また、「保守党政府と労働党政府は、市民性教育を『国家』発展の手段として位置付けている点において、共通の目的意識を持っていた」という指摘がみられる（木原 2001: 108、傍点引用者）。

　次に、清田（2005）もシティズンシップ教育政策について言及している。清田は、ブレア政権におけるシティズンシップ教育政策のねらいについて、「道徳教育の枠組が新しく再構築されなくてはならないということを意味するものであった」と指摘している（清田 2005: 240）。イギリスにおける伝統的な宗教的価値体系に基づいて価値形成のための教育を行おうとした保守党政権と対比しつつ、「ブレア労働党におけるシティズンシップ教育は、価値形成のための教育を明快に宗教教育から区別し、宗教教育とは異なる根拠に基礎づけられるものとして構想されたものであったといえよう」と結論づけている（清田 2005: 270）。

　清田の研究においては、シティズンシップに関連する政策領域である移民法の改正に言及していることが着目される。しかし、移民法の改正とシティズンシップ教育の政策推進者が同一であることに触れつつも、「これらの事実は、一般的な移民に対する政策的対応と、公教育におけるシティズンシップ教育の政策が連動したものであるということを窺わせる」と述べるにとどまっている（清田 2005: 249-250、傍点引用者）。

　加えて、シティズンシップ教育とナショナルアイデンティティとの関連に

着目した研究として、カーとオスラーらの研究を取り上げたい。カーは、先に引用したようにシティズンシップ教育を通じた価値の共有がナショナルアイデンティティの形成と結びつかなかった理由として、「市民的原則や価値を支える共通の核（common core）」がそもそも存在しなかったことを指摘している（Kerr 1999a: 210）。また、オスラーらは、イングランドとフランスのシティズンシップ教育について、国際教育到達度評価学会（The International Association for the Evaluation of Educational Achievement: IEA）の調査枠組みを用いてナショナルアイデンティティの位置づけの相違について検討している。IEAの調査枠組みは、①民主主義とシティズンシップ、②ナショナルアイデンティティと国際関係、③社会的結束と多様性の3つの領域が設定されているが、オスラーらの研究ではこのうち②と③に着目している。オスラーらはクリック報告の段階においては、「ナショナルアイデンティティは明確ではなく、いまだ創出されていないもののように表象されている」と指摘し、「シティズンシップの観念はまさに近年導入されたものであり、明確に定義される必要がある」と述べている（Osler & Sterkey 2001: 302）。以上のように、2000年代半ば以前のシティズンシップ教育政策の展開をみるとナショナルアイデンティティの形成という観点は主要な論点ではなかったといえよう。その一つの理由は、シティズンシップ教育への注目が高まったきっかけが新自由主義的な福祉国家改革の中にあったことに見出せる。

(4) 残された課題

　以上の主要な先行研究の検討から導かれる課題は、以下の通りである。

　まず、イングランドのシティズンシップ教育政策を共通カリキュラム導入期から通時的に捉えてその展開を明らかにした研究は、管見の限り存在しないということである。次に、先行研究におけるシティズンシップ教育政策を分析する視点は、政権交代にみる共通点と相違点、それに関連する政治思想上の対立点におかれてきた。しかし、国民意識の形成という視点からの分析は十分になされてこなかった。加えて、先行研究において示唆されていた国民国家の枠組みでのシティズンシップ教育であるという点、及び移民政策と

の関連が窺えるという点をより詳細に検討する必要があるということである。イングランドのシティズンシップ教育については数多くの先行研究があるものの、シティズンシップ教育政策の文脈を理解する際に鍵となるであろう帝国後のブリテンにおけるシティズンシップの模索という視点を組み込んだ考察はなされてこなかった。

　さらに留意すべき点は、日本語でしばしば「イギリス」や「英国」と総称されるいくつかの政治共同体、「イングランド」、「ブリテン」、「連合王国」を区別する必要が生じてきているということである。これら3つの呼称はそれぞれ言及している範囲が異なる場合があるが、先行研究においてはしばしば「イングランド＝ブリテン／連合王国＝国民国家」という等式が自明視されてきた。この点と関連して、イングランドとブリテンという2つのネイションの相違はこれまで意識されることはなく、「イングリッシュ＝ブリティッシュ」とみなされてきた。しかし、連合王国という枠組みでみれば、ウェールズ、スコットランド、北アイルランドもその構成地域となっているのであり、分権改革が進む1990年代後半の動向を踏まえると、イングランドの非対称な位置づけがますます問われる状況が出現している。本研究ではこれらの呼称を区別し、イングランドのシティズンシップ教育政策においてブリテンや連合王国という枠組みへの言及がみられることにも着目したい。

第4節　研究の方法

(1) 分析枠組み

　本研究では国民意識の形成にかかわるシティズンシップの3つの要素として、地位（国籍）、権利、アイデンティティに着目する。以下では、ポストナショナルなシティズンシップ（post-national citizenship）論及び教育学の分野における議論を参照し、本研究における分析枠組みを提示する。

　シティズンシップは、一般的には「政治共同体の成員資格」を意味する（Delanty 2000: 9=2004: 19）。政治共同体については国家にとどまらず、都市や社会などさまざまなレベルで設定が可能である。また、成員資格についてもさ

まざまな側面から定義することができる。先行研究においては、シティズンシップの要素として、地位、権利、義務、参加、実践、感覚、アイデンティティなどが提示されてきた。例えば、デランティは政治思想に着目し、「政治共同体の成員資格としてのシティズンシップは、権利、義務(duty)、参加(participation)、アイデンティティが組み合わされた束」であるとしている(Delanty 2000: 9=2004: 19)。また、教育学者であるオスラーとスターキーは、地位、感覚(feeling)、実践(practice)という区別を設けている(Osler and Starkey 2005: 9-16=2009: 10-19)。このように、シティズンシップは論者の関心によってどの要素に着目するかが異なってくる[20]。また、シティズンシップを有する人の呼称についても、どの政治共同体を前提とするかによって、またどの要素に着目するかによって異なる用語が用いられることになる。例えば、subject(臣民)、citizen(国民／市民／公民)、nation(ネイション)などである。

　本研究の検討作業を成立させるための枠組みは、シティズンシップ論において提起されてきた国民国家を前提とするシティズンシップ(national citizenship)の再検討から導かれる。

　その嚆矢とされるのがソイサルである。ソイサルは領土にとらわれない、「人であること(personhood)」に基づくメンバーシップのあり方を提起した(Soysal 1994)。ソイサルは、出稼ぎ労働者(ゲストワーカー)を分析することによって、欧州(とりわけ西欧)において、第二次世界大戦後の移民の増加によって国民国家の枠組みが揺らいできており、従来の国民国家の枠組みでは対応できない状況を指摘している。また、国民国家を前提とするシティズンシップではなく、ポストナショナルなメンバーシップ(post-national membership)のモデルを提示している。

　このように近年のシティズンシップ論においては従来の国民国家を前提とするシティズンシップに修正を求める、あるいは代替案を提示するようなシティズンシップのあり方が模索されてきた(柄谷 2005: 311-313)。それらは国籍と権利との結びつき、あるいは国籍とアイデンティティとの密接な関連を解きほぐそうと試みてきた。例えば、外国籍住民の市民権(永住市民権、denizenship)、国家の枠組みを超えて共有される市民権(欧州市民権)、加え

表 0-2　国民国家を前提とするシティズンシップとポストナショナルなメンバーシップ

	モデル I	モデル II
次元	国民国家を前提とする シティズンシップ （national citizenship）	ポストナショナルな メンバーシップ （post-national membership）
時代区分	19 世紀〜20 世紀半ば	〔第二次世界大〕戦後
領域	国民国家の境界	流動的な境界
メンバーシップと 領域の一致	一致する	一致しない
権利／特権	単一の地位	複数の地位
メンバーシップの 基礎	共有された国民的帰属 （国民の権利）	普遍的な人間性 （人権）
正当性の源泉	国民国家	トランスナショナルな共同体
メンバーシップの 編成	国民国家	国民国家

出典 : Soysal（1994: 140、〔 〕内引用者）

て、多文化的市民権（multicultural citizenship）や差異化された市民権（differentiated citizenship）など集団の権利についても論じられている（NIRA・シティズンシップ研究会 2001: vii-ix）。

　これらの議論においては、国民国家を前提とするシティズンシップがどのような要素によって構成されているのかを浮き彫りにし、国民国家という枠組みのもとで「国籍＝権利＝アイデンティティ」などの諸要素が強固に結びついていることを問題として指摘している。例えば、国家における法的地位を意味する国籍は、しばしば権利付与の前提条件とみなされてきた。すなわち、国籍を有する者がそれに付随する一連の権利を有する資格をもつということである。また、国籍は一定の国民像（national self-understanding）と結びついているという指摘もなされてきた（Brubaker 1992=2005）。これに対して、シティズンシップの多層化／多元化という戦略が提示され、例えば、国籍と権利の分離や権利の差異化、複合的アイデンティティの承認など国民国家を前提とするシティズンシップの再構築が模索されてきた[21]。

国民国家を前提とするシティズンシップと帝国に由来するシティズンシップ

　しかし、ブリテンにおいては、国民国家を前提とするシティズンシップが
そもそも成り立ってこなかったという指摘がみられる。以下、先行研究（柄
谷 2001; Karatani 2003）を手がかりとして、帝国に由来するシティズンシップの
枠組みを示したい。まず、柄谷はシティズンシップ（市民権）の諸要素を以下
のように区別する。

表 0-3　シティズンシップの諸要素

Nominal Aspect（成員としての資格） 政治体の正規の成員としての資格	(Citizenship-as-status)
Substantive Aspect（権利及び義務） 成員資格保持者の保有する一連の権利及び義務	(Citizenship-as-rights) (Citizenship-as-desirable-activity)
Functional Aspect（内包と排除の道具） 成員間に共有されている帰属感に基づき、成員を内包し非成員を排除するための道具[22]	(Citizenship-as-social-enclosure)

出典：柄谷（2001: 97）。なお、タイトルは「市民権の諸要素」となっていたが、本論の用法に
合わせて変更した。また、「Functional Aspect」は「Funcetional Aspect」と記載されているが、
誤字と判断し、表記を修正してある。

　次に、ソイサルの枠組みを参照しつつ、シティズンシップの要素の区別
に着目し、国民国家型シティズンシップと帝国型シティズンシップを次の
ように整理している。まず、国民国家型シティズンシップ（national type of
citizenship）は第二次大戦以降、世界中に広まっていったものである。それは、
①国家の成員を示す唯一の法的地位で、②その地位の保有者は、全員同じよ
うに一連の義務と権利を保持し、③成員共通の帰属意識や連帯感を基準とし
て成員と非成員を区別する道具として作用している。すなわち国民国家型シ
ティズンシップの下では、①に関しては、複数の政治体に帰属することが許
されない。歴史的にみれば政治体の規模や構成は都市国家や帝国などさまざ
まであったが、今日においては主権国家がその前提となっている。②に関し
ては、成員資格保持者は一連の権利と義務をすべて有することが前提とされ
るため、一部の権利しかもたないことや、その反対に多重的な権利をもつこ

とは是正されるべき対象となる。③に関しては、政治体に対して忠誠心をもち、国民としてのアイデンティティを基盤とした帰属感や連帯感を共有していることが求められる。つまり、その成員は偶然ある政治体に居住している単なる人的集団ではなく、政治体の成員であると同時に文化的共同体の成員でもあるということになる（柄谷 2001: 90-92）。このように国民国家型シティズンシップは、地位を有する成員間での権利の平等が志向されるという重要な側面がある。しかしながら、この権利を享受するためにはその前提となる地位を有する必要がある。この地位は一つであるべきとされ、その地位と集団への帰属感が強く結びつけられている。この点が現在、国民国家型シティズンシップの限界として指摘されているといえる。

　一方で、帝国型シティズンシップ（imperial type of citizenship）は、経済、軍事的に優位にある政治体が、劣位にある複数の政治体を一方的に取り込んで形成した複合政治体の成員資格である。それは、①帝国の成員を示す地位として、帝国政府の支配下にある住民に一様に付与され、②帝国を構成する政治体の優劣によっては、成員間で権利・義務の内容が異なることもある。また、③成員としての資格をもつ者同士が文化的アイデンティティを共有することを前提としていない（柄谷 2001: 92-93）。このように帝国型シティズンシップは、支配―被支配の関係がその根本にあるという点に大きな問題を抱えている。しかしその反面、シティズンシップの諸要素を切り離して扱うことが容易であり、かつ、重層的なアイデンティティが許容されうるといえる。

　本研究では柄谷の枠組みを手がかりとして、国民国家型シティズンシップ（national type of citizenship）を「国民国家を前提とするシティズンシップ（national citizenship）」、帝国型シティズンシップ（imperial type of citizenship）を「帝国に由来するシティズンシップ（imperial citizenship）」と呼ぶことにしたい[23]。

教育学の分野におけるシティズンシップ論の援用

　オスラーらはシティズンシップを政治闘争の場と捉えた上で、シティズンシップの諸要素について、「地位と一連の義務」と「権利の実践とその付与」の二側面に帰属の感覚（a feeling of belonging）を加えて、地位、感覚、実践に整

理している（Osler & Starkey 2005: 9-16=2009: 10-19）。

　まず、地位についは「シティズンシップはおそらく地位として理解される
ことが一番多いだろう」と述べている。この意味でのシティズンシップは、
国民の地位（status of being a citizen）を意味しており、個人と国家との関係を記
述するものであるという（Osler & Starkey 2005: 10=2009: 11）。ただし、「法的地位
は不可欠のステップではあるけれども、シティズンシップへのアクセスはそ
れ以上のものを必要としている」という（Osler & Starkey 2005: 13=2009: 16）。ここ
で重要となるのは、コミュニティへの帰属の感覚である。例えば、個人が平
等に基づいたサービスにアクセスできていない、あるいはそのように考えて
いる場合、「差別の経験は帰属の感覚（a sense of belonging）をむしばむ。〔なぜ
ならば、〕帰属の感覚は参加的シティズンシップの前提条件」となるからであ
る（Osler & Starkey 2005: 12=2009: 14、〔　〕内引用者）。シティズンシップへのアク
セスを保障するためには、教育が重要な役割を果たすことになる。さらに、
法的な権利の平等を獲得しても実際に公正を保障するには不十分であるとし
て実践、すなわち権利の行使の重要性を強調している。「権利はシティズン
シップの基本的な出発点である。権利はシティズンシップを実践し、帰属の
感覚を感じる可能性をもたらす」という（Osler & Starkey 2005: 15=2009: 18）。

　国民意識の形成にかかわるシティズンシップの３つの要素

　シティズンシップ概念が多義的かつ論争的であることを踏まえた上で、本
研究では、シティズンシップの国民国家型と帝国型の対比という視点を導入
した柄谷の枠組みと、シティズンシップ教育研究の視点からシティズンシッ
プの要素を提示したオスラーらの枠組みを採用する。柄谷は国籍と権利を切
り離したかたちで国民国家型シティズンシップと帝国型シティズンシップを
対比的に示しており、本研究の問題意識と合致する視点を提供している。た
だし、柄谷は「望ましい行為としてのシティズンシップ（Citizenship-as-desirable-
activity）」にさまざまな要素を含めている[24]。シティズンシップ教育をめぐっ
ては、参加などの実践にかかわる部分と、アイデンティティにかかわる部分
が区別されて議論がなされるため、両者を区別する必要がある。

一方で、オスラーらはイングランドのシティズンシップ教育の主要な論者である。上述の柄谷のような歴史的な視点を重視しているわけではないが、シティズンシップの要素について、「地位」という要素を視野に入れた上で、「実践」と「感覚」という要素を区別している点が重要である。ただし、「実践」においては「権利」と「参加」が区別されずに論じられている点に留意が必要である。

　以上の検討から、本研究ではシティズンシップを構成する要素を、「地位（国籍）」、「権利」、「アイデンティティ」と表現することとし、これらの要素を国民意識の形成にかかわるシティズンシップの3つの要素として設定する。これらの区別は柄谷とオスラーらの枠組みを再構成したものであり、その枠組みと完全に一致するものではない。

表 0-4　国民意識の形成にかかわるシティズンシップの3つの要素

地位としてのシティズンシップ（citizenship-as-status）
権利としてのシティズンシップ（citizenship-as-rights）
アイデンティティとしてのシティズンシップ（citizenship-as-identiry）

　本研究ではシティズンシップ教育政策を通じた国民意識の形成について考察するが、ここで理論的枠組みを加味してより厳密化すれば、本研究の主題は、シティズンシップ教育政策をめぐる議論において、国民意識の形成にかかわるシティズンシップの3つの要素である、地位（国籍）、権利、アイデンティティをめぐる議論がシティズンシップ教育の構想との関連においてどのように論じられたのか、とりわけ、それらの要素がナショナルな枠組みによって定義されているかどうかを分析するということになる。なお、シティズンシップ教育研究においてもっとも重要な要素とみなされているのは、市民の参加、すなわち「実践としてのシティズンシップ（citizenship-as-practice）」であろう。本研究においてもこの要素をシティズンシップ教育の根本的な要素とみているが、主要な検討対象とはしていない。

　このように、国民意識の形成にかかわるシティズンシップの要素を3つに

区別して分析を行うアプローチの利点は次の点にある。すなわち、これまで
の先行研究においてはしばしば「国民か、市民か」という論点が提起されて
きた。しかしこのとき、その内実としてどのような要素に着目しているのか
については明示されないことが多かった。つまり、「国民か、市民か」とい
う論点においては、国民であることや市民であることを何によって規定する
のかは問われてこなかった。

　本研究では、国民意識の形成にかかわるシティズンシップの要素を区別す
ることで、「国民」とは、国籍を有すること（国籍保持者）を意味するのか、（国
籍に基づく）権利を有すること（権利主体）を意味するのか、当該国家やネイショ
ンへのアイデンティティをもつことを意味するのかを区別して論じることが
可能となる。また、要素間の相互関連が強まれば強まるほど、また、ナショ
ナルな枠組みによって一貫して定義されるようになればなるほど、国民国家
を前提とするシティズンシップが強化されていることになる。ここに本研究
の視角が示されることになる。つまり、重要なのは、それぞれの要素がどの
ように結び付けられているのかということである[25]。シティズンシップの3
つの要素に着目すると、相互に関連するいくつかの論点を導き出すことがで
きる。

表 0-5　シティズンシップの 3 つの要素をめぐる論点

①地位（国籍）について
　—国籍が権利やアイデンティティの基盤とみなされているかどうか
　—国籍を有することにどのような意味が付与されているか
②権利について
　—国籍を有することと関連づけられているかどうか
　—人権との関連がどのように把握されているか
③アイデンティティについて
　—国籍を有することと関連づけられているかどうか
　—ナショナルな枠組みが強調されているかどうか
　　国家及び社会への多元的な帰属が承認されているかどうか

　このように国民意識の形成にかかわるシティズンシップの3つの要素を区
別することによって可能となるのは、「（成員にとって）望ましい資質とは何か」

という点を問うのみならず、「誰を成員とするのか」という成員の共同性やその境界についても考察の対象を広げるということである。シティズンシップ教育研究においては、国民／市民の資質にかかわる前者の問いに焦点が当てられてきたが、国民や市民の範囲、あるいはその境界にかかわる後者の問いについては十分に検討がなされてこなかったといえよう。

(2) 訳語について

本研究の鍵概念となる、citizenship/ citizen 及び nation/ national、そして「イギリス」をめぐる呼称である England/ United Kingdom (UK)/ Britain の訳語について説明を加えておきたい。国民と市民、あるいは nation と citizen という概念は、各国の歴史的文脈によって異なる内実が指し示されてきた[26]。このことに留意しつつ、先行研究における訳語を参照して本研究における用法についてまとめておく。

citizenship ／ citizen

シティズンシップにどのような訳語をあてるのかは、その多義性ともあいまって難しい問題である。オーストラリアの事例を分析した飯笹は、「多様な意味を持つ『シティズンシップ』、あるいは『シティズン』を的確な日本語に訳し分けるのは、きわめて困難である」と指摘する。また、「とりわけ、明らかに国籍保持者としての『国民』を指している citizen を『市民』と訳してしまうことによって、大きな誤解が生じ得る」という指摘は重要であろう。さらには、「同時に、citizenship が明らかに『国籍』を意味しているにもかかわらず、『市民権』という訳語が当てられてしまうことも多い」と述べている（飯笹 2007: 16）。そこで飯笹は、「citizenship が明らかに『国籍』のみを意味している場合は、『国籍』とし、それ以外の場合は『シティズンシップ』と記すこととする。ただし、citizenship が『権利』のみを指している場合は、文脈によって『権利』と表記することもある。また、citizen が国籍保持者である『国民』のみを意味している場合は『国民』と記し、それ以外は『シティズン』と記す」と説明している（飯笹 2007: 17）。

また、マーシャルの著作を翻訳した中村らは、「『シティズンシップ』は通常『市民権』と訳されてきたが、そのほんらいの意味は『ある共同社会 (a community) の完全な成員である人びとに与えられた地位身分 (a status) である。この地位身分を持っているすべての人びとは、その地位身分に付与された権利と義務において平等である』(三七ページ) という内容をもつものである。『市民権』と訳してしまうと成員資格 (membership) や地位身分 (status) というニュアンスが伝えられず義務の側面が軽視される。そのうえ『市民権』という訳語は『市民的権利 (civil rights)』と混同されやすいので、『シティズンシップ』とそのまま表現することにした」と述べている (岩崎・中村 1993: 223)。

さらに、ブルーベイカーの著作を翻訳した佐藤らは、citizenship は「原則として『国籍』。ただし、文脈に合わせて、その他の訳も採用」するとして、「国民としての地位」、「国家の成員資格」、「シティズンシップ」、「市民としての地位」という訳を示している。また、「国籍」以外の意味のニュアンスも含む場合には、「国籍 (シティズンシップ)」、「シティズンシップ (国籍)」という訳語を用いている。また、citizen(s)/ citizenry については、ほとんどの場合、citizenship を持った「国民」の意味として用いられているため、原則として「国民」と訳すとしている。ただし、例外として「都市市民」、「国家市民」(フランス) という訳も用いられている (佐藤・佐々木 2005)。

本研究では citizenship が明らかに国籍を意味している場合には「国籍」、(国籍に付随する) 一連の権利を意味している場合には「市民権」という訳語を用いる。citizen については明らかに国籍保持者を指している場合には「国民」と訳す。それ以外の場合には、文脈に応じて、「市民」あるいは「国民／市民」と訳す。

nation／national

佐藤らは、一般的に nation のことが語られている場合には、「ネーション」あるいは「ネーション (国民・民族)」という訳語をあてている。また、国家によって領土的・法的に境界づけられた共同体という意味で用いられている場合には「国民」、国家存在の有無にかかわりなく、共通の文化や習慣、歴史など

を共有していると信じている人びとの共同体という意味で用いられている場合には「民族」という訳語をあてている（佐藤・佐々木 2005）。

本研究で事例とするイングランドを含むブリテン／連合王国は、「複合的ネイション構造の漸進的形成」（塩川 2008: 47-51）といわれるように、その nation の構造は複雑であり、また歴史とともにその意味合いも変化している。近年の権限委譲を受けて、連合王国を構成する 4 つの地域であるイングランド、ウェールズ、スコットランド、北アイルランドは home nations と呼ばれることもあり、研究上もこの用語が用いられることが増えている[27]。国家の領域と nation の範囲が一致しない状況を踏まえ、連合王国構成地域の nation については「ネイション」と表記する。また、近年ではブリテン全体を nation と表象することもあり、その領域が連合王国という枠組みと合致していると考えられる場合には「国民」という訳語を用い、その他の場合には「ネイション」と訳す。なお、citizen も nation も「国民」と訳す場合があるため、可能な限り原語を付すこととする[28]。また、national identity は「ナショナルアイデンティティ」と表記する。これは、本研究においては国民意識の形成にかかわる一つの要素として位置づく。

England ／ United Kingdom (UK) ／ Britain

日本語の「イギリス」という呼称は、「イングランドを指すのか、それともスコットランド、ウェールズ、（北）アイルランドを含んだブリテン国家を指すのかという両義性がある」（塩川 2008: 48）。そこで本研究では、日本語で「イギリス」と総称されることが多い England/ United Kingdom (UK)/ Britain を区別し、以下のように訳し分ける[29]。

まず、England は「イングランド」とする。これは連合王国（UK）を構成する地域の一つである。また、形容詞、あるいは人びとの集団をさす場合の English は「イングランド（人）の」と訳す。

次に、United Kingdom（UK）は「連合王国」とする。これは、イングランド、ウェールズ、スコットランド、北アイルランドの 4 つの地域からなる[30]。

最後に、Britain は「ブリテン」と訳す。ブリテンは、グレートブリテンの

「グレート」が省略されている場合、あるいは連合王国とアイルランド共和国を含むブリテン諸島全体を意味する場合がある。ブリテンは帝国時代に用いられた名称でもあることから、ブリテンは連合王国と重なり合いながらも歴史的な意味合いが含意された呼称であり、その地理的範囲が明示されない場合もある。Great Britain は「グレートブリテン」と表記し、連合王国を構成する4つの地域のうち北アイルランドを除くグレートブリテン島の3つの地域を指す。(Great) British Empire は「(大)英帝国」と訳す。また、形容詞、あるいは人びとの集団をさす場合の British は「ブリテン(人)の」と訳す。なお、Commonwealth は「コモンウェルス」と訳す。戦前の British Commonwealth については「英連邦」と訳す。

表 0-6 「イギリス」をめぐる呼称の区別

領 域			
ブリテン諸島 (British Isles)	グレートブリテン島 (Great Britain Island)	連合王国 (UK)	イングランド
			ウェールズ
			スコットランド
	アイルランド島 (Island of Ireland)		北アイルランド
		アイルランド共和国	

(3) 研究の限界

　研究の目的において、本研究は共通カリキュラム導入以降の「イングランド」におけるシティズンシップ教育政策を取り上げると述べた。イングランドは連合王国を構成する4つの地域のうちの一つであり、本研究においては連合王国を構成するその他の地域である、ウェールズ、スコットランド、北アイルランドのシティズンシップ教育政策の動向については扱わない。イングランドの事例をもって連合王国全体の動向を説明したことにはならないという点に留意が必要であり、この点が本研究における限界である。

　従来のイギリス教育研究においては、イングランドとウェールズの教育シ

ステムがおおよそ共通していること、イングランドが人口の約8割を占めることなどから、イングランド（及びウェールズ）の事例をもって「イギリス」を代表してきた。しかし、1999年の分権改革以降の動向をみると、それぞれの地域における教育システムの独自性は以前より増しており、これら4つの地域を区別して論じる必要性が生じてきている。

　ただし、イングランドはその歴史的背景からみずからを「ブリテン（イギリス）」と同一視してきたという点を考慮に入れる必要がある。本研究においてイングランドの事例を扱いながらも、シティズンシップ教育政策をめぐって「連合王国」や「ブリテン」という枠組みについて論じられるのは、このような事情による。

(4) 研究の意義

　最後に、本研究の根底にある問題意識を述べておきたい。それは、学校教育において行われてきた従来の国民形成をどのように組み替えていくのかというものである。具体的には、日本の教育政策及び法制度にみられる国民形成＝日本人形成という理念を再構築する必要があると考える。先に示した問いは、内なるグローバル化を進展させる日本の状況に鑑みても、ますますその重要性を増しているといえるだろう。

　先行研究においては、日本の戦後教育体制が抱える課題として国民教育制度の限界が指摘されてきた（嶺井 2009）。国民教育制度とは、端的にいえば、国民を対象として国民の育成を目指すものである。つまり、①国民のみが教育を受ける権利を有し、また教育を受けさせる義務を負うとし、②国民の育成を教育の目的とする（嶺井 1993）。後者に関しては、教育の国際化政策において、しばしば日本人の育成が改革のキーワードとなってきている（嶺井 2002）。このように国民教育制度においては、日本国籍をもつ者のみが権利の主体となり、さらには「日本国籍をもつ＝日本人としてのアイデンティティをもつ」という図式が想定されている[31]。このとき、①については国民ではない者の人権保障という視点が欠落してしまい、②については「日本国民＝日本人」という固定的なイメージが存在していることが指摘できる。国民形

成の限界を問うにあたっては、国民／外国人という枠組みを乗り越えることが課題であり、シティズンシップ論がその視角を提供しているといえよう。

しかし、これらの問い自体は新しいものとはいえないかもしれない。グローバル化の進展によって問題状況がより認識されやすくなったとはいえ、例えば日本においても以前から国内の少数者（マイノリティ）——例えば、外国人、移民、難民、エスニック・マイノリティ——をめぐって同様の問題が論じられてきたからである。ただし、これまでの議論においてはしばしば、「定住外国人『問題』、外国人労働者『問題』、移民『問題』、難民『問題』といった具合に、『彼女たち／かれらの』問題であるかのように考えられる傾向」（岡野 2009: 15）があったのではないだろうか。このとき、何らかの対処が求められるのは「彼女たち／かれら」であって「私たち」ではない。つまり、「マジョリティの日本人とは切り離された周辺的な社会問題」（NIRA・シティズンシップ研究会編 2001: iii-iv）として捉えられてしまう。岡野が指摘するように、「こうした『問題』が実際に提起しているのは、『わたしたち日本国民』のシティズンシップが抱える問題であり、わたしたちのシティズンシップがいかなる原理の下に構成されているのか、といった問題を突きつけている」（岡野 2009: 15）のである。

もう一点は、シティズンシップを鍵概念とすることでその獲得が「所与」や「自然」なことではないという見方を可能にする。すなわち、シティズンシップを意志、選択、契約といったかたちで見直そうとするのである。シティズンシップ概念に着目してグローバル時代の国民意識の形成について検討する意義はここにある。

注

1 イングランド（England）は連合王国（United Kingdom: UK）を構成する地域の一つである。連合王国の正式名称は「グレートブリテン及び北アイルランド連合王国（United Kingdom of Great Britain and Northern Ireland）」である。日本語ではイギリスと総称されることが多いが、本研究ではそれぞれの呼称を区別する。本研究で用いる訳語については後述する。

序　章　37

2　キムリッカは各国政府がシティズンシップの促進に関心を示した例として、以下のような文書を挙げている。Commission on Citizenship. (1990). *Encouraging Citizenship: Report of the Commission on Citizenship.* London: HMSO.（ブリテン）、Senate. Standing Committee on Employment, Education and Training. (1991). *Active Citizenship Revisited: A Report.* Canberra: Australian Government Publishing Service.（オーストラリア）、Senate. Standing Committee on Social Affairs, Science and Technology. (1993). *Canadian Citizenship: Sharing the Responsibility.* Ottawa: Supply and Services Canada.（カナダ）（Kymlicka 2002: 322=2005: 463）。これらの文書はいずれも 1990 年代初頭に相次いで提出されている。

3　citizenship education（あるいは education for citizenship）は日本語で「シティズンシップ教育」あるいは「市民性教育」と訳されることが多い。本研究では、①シティズンシップという用語に「市民性」や「市民権」にとどまらない多様な意味が付与されていく過程に着目すること、②シティズンは「市民」のみならず「国民」と訳すことも可能であるという理由から、カタカナで「シティズンシップ教育」と表記する。

4　近藤は、欧州評議会や欧州連合（European Union: EU）、イギリス、ドイツの例を出し、「市民性教育として語られているのは、これまで民主主義教育というような言葉で語られてきた既知の内容ばかりだということである」（近藤 2013: 3）とし、「内容的には民主主義教育と呼んでも差し支えないし、政治教育でもよい」と述べている（近藤 2013: 4）。また例えば、日本のシティズンシップ教育の歴史については明治時代に遡って紹介されている（Parmenter et al. 2008）。

5　仁平は、欧米では国境の相対化という問題系をめぐる議論がなされているが、「これに対し日本では、国境の相対化という問題系は比較的稀薄な一方、参加民主主義の拡大や、福祉制度の脆弱化や生活不安の増大などに対応できる能力を、『市民性』の要件とする面が強い」（仁平 2009: 173-174）と述べている。欧米対日本という図式が常に成立するわけではないが、シティズンシップ教育をめぐる問題系を「福祉国家からの転換」、「参加民主主義の拡大」、「国境の相対化」という 3 つに区別することは、シティズンシップ教育の潮流を読み解く上で有益であろう。

6　国境の相対化という状況においては、国民／市民、nation/ citizen の定義自体が論点として浮上してくるのであり、このことがシティズンシップ教育政策にも影響を及ぼしていると考えられる。その定義は、各国の歴史的・制度的文脈に依存していることから、その変容自体を考察の対象に含める必要がある。

7　ただし、これはフランスの歴史的文脈におけるシティズンシップの理解、あるいはそこから生まれたシティズンシップの一つのモデルであり、すべての事例に一般化できるわけではない。ブリテンにおけるシティズンシップの特質につ

38

いては後述する。

8 1988年教育改革法によって創設された national curriculum は、「ナショナルカリキュラム」、「全国共通カリキュラム」、「全国共通教育課程」と訳されている（木村 2006）。イギリス教育研究においてはしばしば、（注において但し書きが加えられているが）「イギリス」という総称を用いてイングランド（及びウェールズ）の事例を取り上げてきた。そのため、「ナショナルカリキュラム」という訳語を用いるとイギリス全体の共通カリキュラムが存在するかのような印象を与えてしまうと考える。そのため本研究では「（イングランドの）共通カリキュラム」という訳語をあてる。

9 教科横断型テーマは、「均整のとれた幅広いカリキュラム」（1988年教育改革法）を提供するためには必修 10 教科の共通カリキュラム以外の要素が必要であるとして教育課程審議会が提案したものである。シティズンシップ教育（Education for Citizenship）の他に 4 つのテーマ「経済・産業理解教育」、「キャリア教育とガイダンス」、「健康教育」、「環境教育」が示された。これらのテーマについては、共通カリキュラムの各教科において扱う、学校全体のカリキュラムの中に位置づける、個別の時間を設ける等、多様なアプローチを組み合わせて取り組むこととされた（NCC 1990a）。

10 本研究では、イングランド全体に影響を及ぼすカリキュラム政策の一環としてシティズンシップ教育が位置づけられるようになる共通カリキュラム導入後の展開に着目する。

11 ただし、このような方向性が改訂版の共通カリキュラムにそのまま反映されたわけではない（杉田 2010; 北山 2013）。

12 この点について、近藤の次のような指摘が示唆的である。「長期的なスパンで考えるとき、市民性とその教育が注目を集める今日の状況は、将来、別の形で解釈される可能性もある。社会の範囲——この場合、政治権力の圏域であり、また政治的意思決定に参加する人々の範囲——を変更することにより既存の社会的緊張の緩和と止揚を試みるという、いま進行しているのと同様のプロセスは、かつて一九世紀から二〇世紀前半のヨーロッパにも見られた。当時は、特に中欧において帝国を中心とする秩序の崩壊にともない、国民国家が誕生・整備されていく時期にあたっており、新しい権力者層としての市民に、工業化の過程で大量に発生した労働者が対峙していた」（近藤 2013: 5）。帝国から国民国家への転換は多くの国においてすでに完了したものとみなされることが多いが、しかし、ブリテンにおいては「未完のプロジェクト」として存在している。

13 連立政権下においても共通カリキュラムの見直しが行われ、2013年には新しいカリキュラムが公表された。詳細については菊地（2015; 2016）を参照のこと。

14 ただし論者によっては、国籍を「形式的なシティズンシップ」とし、権利や参加を「実質的なシティズンシップ」と位置づけている場合もある（Marshall & Bottomore 1992: 65-67=1993: 154-157）。このことから、シティズンシップのどのような要素が形式的とされ、また実質的とされているのかについて留意する必要がある。

15 ここで注意すべきは、マーシャルのいう「地位身分（a status）」の意味である。岩崎らはマーシャルの地位身分の概念について、「法的・慣習的に公的権威によって定義され力を与えられているもの」と説明している（岩崎・中村 1993: 223）。ここでの地位身分は、「国籍」という意味にとどまるものではない。

16 キムリッカはまた、シティズンシップという理念に注目が集まった背景として、リベラリズムとコミュニタリアニズムの対立を乗り越え、リベラルな正義と共同体のメンバーシップの要求とを統合しようという試みがなされるようになったことを指摘している。「シティズンシップは、一方では個人の権利や権原（entitlements）というリベラルの理念と、他方では特定の共同体におけるメンバーシップや特定の共同体への愛着というコミュニタリアンの理念と密接に関連している」（Kymlicka 2002: 284=2005: 414）。

17 オスラーらは 1995 年から 2005 年までのイングランドの学校における民主的シティズンシップのための教育（education for democratic citizenship: EDC）に関する研究をレビューしている。その中で、「イングランドの共通カリキュラムにおけるシティズンシップのカリキュラム政策の展開を明らかにした研究はわずかである」（Osler & Starkey 2006: 33-34）とし、クリック（Crick, Bernard）とカー（Kerr, David）の一連の研究を提示している。本研究と対応させると、第 2 期カリキュラム改革について中心的に検討したレビュー論文であるといえる。

18 この動向については日本においても注目が高く、クリック報告の提出以降、イングランドのシティズンシップ教育を扱った研究が飛躍的に増加することになる。

19 日本語の先行研究で最初に「シティズンシップ教育」を主題として掲げたのは福伊（1998）である。国立国会図書館 NDL-OPAC で「シティズンシップ教育」をタイトルに入れて検索すると（図書・雑誌・雑誌記事に限る）、1998 年 ～2004 年は 4 件、2005 年 ～2009 年は 83 件、2010 年 ～2014 年は 162 件、2015 年以降は 89 件が該当し、2000 年代後半から件数が急増する（2017 年 12 月 31 日現在）。日本においてイングランドのシティズンシップ教育研究への関心が高まった一つの背景には、学校におけるボランティア活動の導入という点にあったことが指摘されている（日本ボランティア学習協会 2000; 窪田 2007）。また、社会科教育学分野を中心として、カリキュラム研究や教科書分析などが行われるようになった。

40

20 シティズンシップは「本質的に論争的な概念(essentially contested concept)」とみなされている(Crick 2000: 3=2011: 13)。

21 シティズンシップをめぐる議論の論点整理として、NIRA・シティズンシップ研究会(2001)を参照。例えば、居住国の国籍をもたない人びとの権利保障や、教育を通じて育成すべきとされる国民像が論点となり、前者は国籍と権利との切り離し、後者は多元的なアイデンティティの承認をめぐって議論が蓄積されてきている。

22 バウベックは、国籍(nationality)としてのシティズンシップが領域的な移動を規制する装置であることに加え、「シティズンシップは内部者と外部者の間に境界を設けるものである」と述べる。「その境界は透過性が高かったり、低かったりするかもしれない。固定されていたり、移動したりするかもしれない。また、明確なものであったり、曖昧なものであったりするかもしれない。しかし、それは常に境目(threshold)として認識可能なものである。その境界を越えたときには結果として、政治共同体との関係における地位、権利及び義務が変化する」という(Bauböck 2006: 19)。

23 なお、柄谷は、国家の地理的領域を越えて存在してきた市民権を「脱国民国家型市民権」と総称し、形成基盤と形成方法に基づいて「帝国型」の他に「複合・連邦型」と「コスモポリタン型」という3つの理念型に分類している(柄谷 2001: 92-94)

24 柄谷は、義務を「望ましい行為としてのシティズンシップ」と表現している。そこには兵役や納税、忠誠心をはじめ、経済的自立、政治参加、市民的な徳に関する議論などが含まれるという(柄谷 2001: 91)。

25 嶺井(2007)の研究においては、各国における地位(国籍)としてのシティズンシップを踏まえた記述がなされている点に着目したい。すなわち、当該国家において法的な意味での国民とは誰かという点を整理しているという点で重要である。ただし、この視点を生かしたかたちでシティズンシップ教育政策をめぐる議論の分析が行われているわけではない。

26 例えば、「市民社会」を鍵概念としてその系譜を丹念にたどった研究として植村(2010)を参照。

27 例えば、連合王国を構成する4つの地域のシティズンシップ教育を取り上げた研究(Kisby & Sloam 2011)がある。

28 日本語の「国民」という言葉には、文化的伝統や血統を重んじる民族(nation)的側面と、法的権利・義務とそれに伴う実践を重視する市民(citizen)的側面が混在しているという(岡野 2009: 19-20)。

29 訳語の検討に際しては、川本・水野(1998)も参照した。

30 ただし、歴史的にみれば連合王国（UK）の範囲も変化している。1707 年にはイ
  ングランド（及びウェールズ）とスコットランドとの合同により、グレートブリ
  テン王国が成立し、1801 年にはアイルランドとの合同により、グレートブリテ
  ン及びアイルランド連合王国が成立している。さらに、1922 年にはアイルラン
  ド自由国が独立し、グレートブリテン及び北アイルランド連合王国が成立する。
31 1990 年の出入国管理及び難民認定法の一部を改正する法律の施行を契機とし
  て来日した「ニューカマー」の子どもたちをめぐる教育の実態を調査した太田は、
  「日本の学校は、『日本人のための学校』という基本的性質を有している」と指摘
  している（太田 2000: 221）。

第1章　帝国に由来するシティズンシップの特質

　本章では、連合王国／ブリテンにおける帝国に由来するシティズンシップ（imperial citizenship）の特質を整理する。その際、国民意識の形成にかかわるシティズンシップの3つの要素として、地位（国籍）、権利、アイデンティティに着目する。

　イングランドのシティズンシップ教育政策に関する先行研究においては、連合王国／ブリテンにおけるシティズンシップの特質が十分に踏まえられてこなかった。すなわち、これまでは連合王国／ブリテンが国民国家として存在してきたという点が自明視されており、議論の前提となってきた。しかし、このような前提から出発した場合、イングランドにおけるシティズンシップとネイションの固有の関係を見落とすことになる。これに対して本研究では、連合王国／ブリテンにおいては第二次大戦後、大英帝国後の国家並びにその成員のあり方が模索されてきたという点を議論の出発点とする。

　序章で整理したように、帝国に由来するシティズンシップは、国民国家を前提とするシティズンシップ（national citizenship）とは異なる特質を有している。連合王国／ブリテンにおいてはこれまで歴史的にその成員を定義するにあたり、「ブリテン臣民（British subject）」という地位が重視されてきており、地位、権利、アイデンティティというシティズンシップの3つの要素が結びつけられることはなく、またそれらを積極的に結びつけようとすることもなかった。多くの国々が第二次大戦後に植民地との関係を清算し、国民の境界を再編成していく一方で、連合王国／ブリテンにおいてはその関係を戦後も保持していたのである。柄谷は、このような状況はコモンウェルスとのつながりを重

視する方針によって維持されてきたことを指摘している (Karatani 2003)。近代的な国民国家において想定されるシティズンシップは、連合王国／ブリテンにおいてはこれまで追求されてこなかったのである[1]。

　しかしながら、1965年以降、移民の入国が制限されるに伴って徐々に帝国に由来するシティズンシップを組み替えようとする機運が高まってくる。その改革がもっとも早く行われるのが、地位としてのシティズンシップ、すなわち国籍である。象徴的なのは1981年ブリテン国籍法 (British Nationality Act 1981) によって初めて「ブリテン国民 (British citizen)」という成員資格が登場したことである。この法律によって国籍とネイションへの帰属意識との関連を重視する近代的な制度へと移行したという指摘がみられる (Brubaker 1989: 11)。その一方で、国籍とナショナルアイデンティティとの結びつきは依然として存在せず、国民国家に基づくシティズンシップに移行したとはいえないという指摘もある (柄谷 2001: 95)。

　ここからもわかるように、帝国に由来するシティズンシップの組み換えという課題は、近年になってようやく問題として認識されるようになったといえる。シティズンシップ論の潮流においては、国民国家を前提とするシティズンシップからの転換が一つの論点となる中で、イングランドのシティズンシップ教育政策の文脈においては国民国家を前提とするシティズンシップの不在という状況に直面することになるのである。このことは1980年代後半に始まるカリキュラム改革をめぐる議論において顕在化するようになる。本章では主に移民政策に関する先行研究を手がかりとして、帝国に由来するシティズンシップの特質を整理する。

第1節　地位としてのシティズンシップ

(1) 帝国における成員の法的地位

　連合王国／ブリテンにおいては、国民国家を前提とするシティズンシップが存在してこなかった[2]。柄谷は、「他の西洋の民主主義諸国とは異なり、ブリテンにおいては権利と義務がその保持者に対してのみ与えられるようなナ

ショナルなシティズンシップ、すなわち、ネーション（nationhood）に基づい
たシティズンシップが完全には確立されてこなかった」(Karatani 2003: 1) と述
べている。それは第二次大戦後も連合王国／ブリテンがその成員を規定する
にあたって、帝国としての特徴を保持し続けたということが背景にある。第
二次大戦後の植民地の独立とコモンウェルスの変容、そして欧州統合の進展
を受けても、帝国に由来するシティズンシップからの転換が根本的なかたち
でなされることはなかった。大英帝国という歴史をその背景として、ブリテ
ンは「伝統的に自身を国民国家として定義してこなかった」のである (Brubaker
1989: 11)。

　1980 年代になるまでその成員は「臣民（subject）」として規定されおり、それ
に代わって「国民（citizen）」についての規定がなされた後もネイションとの結
びつきは実質化されてこなかった。柄谷は、この点に関して「20 世紀におけ
る英国の移民問題は、歴史的に、誰が『英国国民』であるかが明確ではない、
もしくは、政府が『英国国民』をできるだけ明確に定義したくなかったとい
う、英国の特殊な歴史的事情と複雑に関連している」ことを指摘している (柄
谷 1997: 131-132)。つまり、国籍によって区切られるブリテン国民という政治
共同体の境界を明確に定義してこなかったという歴史が存在してきた[3]。

　国籍について、注目すべきは 1981 年という比較的近年になってから「ブ
リテン国民（British citizen）」という成員資格が創設されたということである。
1981 年ブリテン国籍法（1981 British Nationality Act、以下、1981 年国籍法）が制定
されるまでは、戦前においては「ブリテン臣民（British subject）」、戦後におい
ては「コモンウェルス市民（Commonwealth citizen）」という成員資格が存在して
きており、連合王国に住む人びと以外にも国家の成員資格としての国籍が
広く付与される状況が存在していた。1981 年国籍法は、英帝国の名残であ
る「包括的な国籍概念」の放棄と「連合王国（UK）と密接な関係を持つ者のた
めの、より意味のある市民権」の創設を目的としていたという (柄谷 2003: 183-
184)[4]。しかし、この法律における「連合王国と密接な関係を持つ者」の定義は、
それ以前の法律である 1971 年移民法（Immigration Act 1971）の移民資格に基づ
いており、「ブリティッシュネス（ブリテン人意識）」とは特に結びつけられて

46

いないという。すなわちこれまで、「英国国民としてのアイデンティティを
具体化した成員資格が存在したことはなかった」のである (柄谷 2001: 95)。

　この点についてブルーベイカーも同様の指摘をしている。「法的・政治的
共同体の成員資格としてのシティズンシップの概念は、ブリテンの思考にお
いては異質のものであった。その代わりに、法的・政治的地位は忠誠の観点
から理解された。つまり、個々の臣民と王との間の垂直的な結びつきであ
る。忠誠のこのような結びつきは英帝国 (British empire) との結びつきであって、
ブリテンというネイション (the British nation)〔との結びつき〕ではない」という
(Brubaker 1989: 10、〔 〕内引用者)[5]。

　柳井はダメットらの研究を参照し、ブリテン国籍法が前近代的な性格を色
濃く残し続けたこと、さらに近代的な政治共同体における構成員の地位を体
系的に制度化することに失敗してきたことを指摘している[6]。その理由とし
て、フランスやアメリカ合衆国とは異なり、近代的意味での成文憲法をもつ
ことがなかったこと、さらに突き詰めれば、個人の主体的意思に基づく政治
共同体への参加を編成原理とするような、いわば社会契約論的な国家観を採
用することがなかったことを挙げている (柳井 2004: 71)[7]。

　まとめると、国民国家を前提とするシティズンシップとの対比において重
要なのは、1981 年国籍法においてもブリテン国民という成員資格を有する
ことと、ブリテン人意識を有することが関連づけられなかったという点であ
る。連合王国においては一元的なナショナルアイデンティティ[8]が国家の成
員の法的地位に結びつけられるような、いわゆる「国民」の規定がこれまで
存在してこなかった。このように特徴づけられるブリテンの成員資格が第二
次大戦後の移民・国籍法制においてどのように展開してきたのかを先行研究
をもとに整理しておく[9]。

(2) 第二次大戦後から 1980 年代までの移民政策の展開

　第二次大戦以前は海外植民地の住民も本国の住民と同じく、ブリテン臣民
として出入国及び居住の自由を法律上、保障されていた。戦後、1948 年に
ブリテン国籍法 (British Nationality Act 1948) が制定された。この法律では、本国

及び旧植民地によって構成されるコモンウェルス加盟国の国籍保有者全員にコモンウェルス市民権を付与した。コモンウェルス加盟国市民は全員、同一の資格（戦前はブリテン臣民、戦後はコモンウェルス市民）を共有することになった（柄谷 2003: 184）[10]。

しかし、1962 年コモンウェルス移民法（Commonwealth Immigrants Act 1962、以下、1962 年移民法）制定以降はコモンウェルス市民も移民管理の対象となった。すなわち、国籍法では同じくコモンウェルス市民権を付与されている者の中から、誰が入国及び居住の自由の権利を保有するかについて移民法によって決定されることとなった。ただし、コモンウェルス市民が合法的に入国した後は、選挙権を含めたすべての権利を行使することができた（柄谷 2003: 184）。1962 年移民法制定の目的は、コモンウェルスの中でも特にカリブ海諸国及び南アジアといった、新コモンウェルス（New Commonwealth）と総称される地域からの移民の入国を規制することであった。原則として、連合王国もしくはアイルランド共和国発行のパスポートを保有する者、及びその者のパスポートに併記されている扶養家族は、無制限で入国の自由を認められた（柄谷 2003: 210）[11]。

さらにその後、1971 年移民法が制定され、コモンウェルス市民と外国人に対する入国管理体制が一本化された。1905 年外国人法（Aliens Act 1905）の制定以降、外国人に対する入国管理体制が確立していた。それが 1962 年移民法制定後には外国人に対する入国管理は外国人法の下、コモンウェルス市民に対する入国管理はコモンウェルス移民法の下で別々に取り扱われていたためである（柄谷 2003: 184-185）。

1970 年にはすでに、政府は欧州共同体加盟についての交渉に入っており、コモンウェルスの政治的・経済的評価は急落していたという。その後、1973 年に欧州共同体に加盟し、1975 年のレファレンダムで加盟継続が決定された頃にはコモンウェルス市民権の存在は不利益であるともいわれるようになった。その後も、1960 年代後半からの人種関係（Race Relations）政策との関連で移民規制の方法についての議論は続くが、旧植民地出身者に対する移民規制の是非については 1971 年までに決着がついていたという（柄

48

谷 2003: 185) [12]。

　その後、保守党政権下で 1981 年国籍法が成立することになる [13]。最終的に 1981 年国籍法が制定された時には、ブリテン国民という成員資格の必要性は主要政党間の合意事項となっていたという（柄谷 2003: 185）。

第 2 節　権利としてのシティズンシップ

　次に、権利についてみれば、ブリテン国民という成員資格に付随するのは、連合王国への入国及び居住の権利のみであるという（柄谷 2001: 95）。その他の権利については国籍に依拠するのではなく、各制定法によって享有主体が規定されていたことが指摘されている（宮内 2012: 174）。

　このように連合王国／ブリテンにおいては、国籍と権利の分離という状態が法律上、存在しているようにみえる。このことは、コモン・ロー（イングランド法）における権利規定の特徴から生じていると考えられる。

(1) コモン・ローとブリテン「憲法」

　コモン・ローはイングランドにおいて形成された法の一系統である。コモン・ローは制定法（statute law）に対する判例法という意味もある（戒能 2003: 14）。ブリテンには成文憲法典は存在せず、統治構造に関する法の多くは判例法と国会制定法の中に存在し、その他に統治構造に関する慣習が存在するといわれている。したがって、「憲法」という成文化された法は存在しない。同様に、人権についてもまとまった法は存在してこなかった（戒能 2003: 51）。

(2)「市民的自由」を重視した権利保障

　ブリテンにおいては「基本的人権（fundamental human rights）」という考え方をもたず、用語としても「市民的自由（civil liberties）」等を用いるのが普通とされてきた。この「市民的自由」という考え方は、ブリテンの統治構造（constitution）のあり方を反映したものであるという。倉持はダイシーの議論を引きながら、ブリテンの統治構造には「外国の憲法学者にはきわめて親しみのある権利の

宣言ないし定義というものがない」と述べている。しかし、これは「単に形式的な差異」であるとされ、「人身の自由の権利や信教の自由の権利が確保されたものと言えそうかどうかという問題は、〔…略…〕権利の定義ないし宣言ではじめるか、または権利を強行し保障するための救済手段を考察することではじめるかのどちらかという問いに対する答えに、よりかかるところが大きい」としている（倉持 2003: 138-139）。

　このような「市民的自由」の保護に対するアプローチは、「伝統的な法的アプローチ」や「経験主義的アプローチ」、また「コモン・ロー・アプローチ」と呼ばれている。また、このアプローチは次のように整理されるという。

　①自由は、一般原則の陳述によっては保護されえない。

　②自由は、残余のもの（residual）である。

　③ある人の自由に対するすべての侵害に対して、独立の司法裁判所によって与えられる法的救済が存する。

　①と③については、コモン・ローの展開を通して（また国会制定法の制定によって）、救済手段をもつさまざまな個別の諸権利を提供することが重視される。このように裁判所を通じて確保される諸権利は、大部分が特定の方法で行為する積極的権利（positive rights）というよりは、むしろ他者の妨害から保護されるべき消極的権利（negative rights）として捉えられている（倉持 2003: 139-140）。

　②については、ある自由の内容を定義するためには、その自由全体からそれが服する法的制約を引き算すればよいということを意味する。例えば、公共集会の自由に対する権利とは、人は法的な制約が存在しない限りどこでも好きな場所で自由に集合することができるということである。このことは、「人は、法によって明示的に禁じられていない限り、好むように自由に行うことができる」と定式化されるという。つまり、人は自由を享受するということが出発点となっているということである。このとき国会は、特定の権限濫用に対する個別の救済手段を提供しても、権利を一般的宣言のかたちで規定するということはしてこなかった。ただし、このとき問題となるのは議会主権原理との兼ね合いである。つまり、伝統的な法的アプローチにおいては、

自由制限的な国会制定法に対して法的に対抗する手段が存在しないということである（倉持 2003: 141）。

多くの国においては、憲法や法律によって規定された国民の権利と実際に享受されている権利は、かなり一致している。しかし、ヒーターはその例外としてブリテンを挙げ、「諸権利は明文化されていないがその多くは享受できる例」として次のように述べている。

> 「連合王国は成文憲法もしくは権利章典が存在しないことで有名である。明示的な文書に憲法や諸権利を定める慣例は、事実上、18 世紀後半の北米及びフランスにおける革命によって生まれた。〔…略…〕しかし、ブリテンはこのような出来事を逃れたため、明確な憲法文書を定める必要がなかったのである。ただし、1689 年の権利章典はその限りではない。その目的は政治エリートと議会が結託して国王大権を制限することにあった。実際、この文書によって議会が主権を有することが承認されたのである。さらにいうと、ブリテンの人びとは国民（citizens）ではなく、君主の臣民であり、国民主権の集合的源泉にすぎないとみなされた。結果的に、ブリテン人（Britons）の諸権利は種々の法令や、議会が特に禁じてこなかった歴史に由来している——彼らは国民の権利ではなく、法的に禁止されていない『残余（residual）』の自由を享受してきたのである。それにもかかわらず、これらの自由は実質的に享受されてきた」（Heater 1999: 40＝2002: 69-70）[14]。

このように、ブリテンにおける権利は具体的な諸権利が一覧として示されているわけではなく、国会制定法の制約がない限りにおいて存在するものである。また権利の侵害に対する救済措置は個別に提供されてきた。

(3) 法的地位によって差異化された権利

柄谷は、ゴードンらの研究を参照しつつ、1981 年国籍法の制定時点の連合王国におけるシティズンシップの権利を以下のように整理している。連合

王国においては諸個人が有する法的地位によって、それに付随する諸権利が異なっていることがわかる。

表1-1　連合王国におけるシティズンシップの権利 (Citizenship Rights)

A: 連合王国への入国及び居住の権利
B: 選挙権
C: 公的資金 *1 を受け取る権利
D: ローマ条約によって認められた権利

ブリテン国民 (British nationals) *2				
ブリテン国民 (British citizens)	A	B	C	-
他のブリテン国民 (Other types of British nationals) 　(BPP を除く)	(A)+	B	(C)++	-
コモンウェルス諸国市民 (Citizens of Commonwealth countries) *2				
1983 年 1 月 1 日パトリアル (Partials on 1 January 1983)	A	B	C	-
他のコモンウェルス市民 (Other Commonwealth citizens)	(A)+	B	(C)++	-
ブリテン国民 (British nationals)				
ブリテン保護民 (British Protected Persons: BPP)	-	-	-	-
アイルランド国民 (Irish citizens)	A	B	C	D
その他 (Others)				
欧州共同体 (EC) 市民 (EC citizens)	-	-	-	D
外国人 (Aliens)	-	-	-	-

*1　移民規則の目的として、公的資金とは次のものを意味する。住宅、カウンシル税の優遇措置、所得補助／求職者手当、住宅手当、家族手当。
*2　1981 年国籍法の第 37 条において、コモンウェルス・シティズンシップの地位を与えられた者。
+　1962 年移民法の施行以前は、すべてのコモンウェルス・シティズンシップの保持者は、連合王国に自由に入国及び居住することができた。
++　すべてのコモンウェルス市民は、出入国管理の対象外であった。その結果、移民規則の制限なしに、公的資金を受けとる権利 (entitlement) を有していた。1962 年以降、移民規則のもとにおかれたコモンウェルス市民は、公的資金を申し立てるために連合王国における「永住権 (無期限滞在許可) (Indefinite Leave to Remain)」を得なければならなくなった。
出典 :Karatani (2003: 200) より一部抜粋。

第3節　アイデンティティとしてのシティズンシップ

ここでは、アイデンティティの中でもとくにナショナルアイデンティティについて検討する。連合王国／ブリテンにおけるナショナルアイデンティティの問題は複雑である。それは連合王国／ブリテンが独特のネイション構造を有してきたことに起因している。つまり、連合王国においては「入れ子状 (nested)」(Miller 2000) にナショナルアイデンティティが存在すると捉えられてきた。つまり、連合王国を構成するイングランド、ウェールズ、スコットランド、北アイルランドのそれぞれが独自のネイションとみなされうるのに加えて、ブリテンというまとまりが一つのネイションとみなされる場合もあるのである。

連合王国は、イングランドを中核としてその他の地域を統合（併合）する中で近代国家形成がすすめられた。連合王国という国家が徐々にかたちづくられてきたことを、塩川は「複合的ネイション構造の漸進的形成」と呼んでいる (塩川 2008: 47)。またグリーンは、「複合的国民国家 (multinational state)」と表現している (Green 1997: 93=2000: 127)[15]。

そして、この国家形成のあり方をさらに複雑にしているのが大英帝国の存在である。「『本国』自体が一様でない一方、大英帝国は海外植民地を含む巨大な複合体だった。世界各地に広く存在するさまざまな植民地は、その統合の形態や度合いにおいて多様であり、同化＝包摂と異化＝排除の関係も均質ではなかった」のである (塩川 2008: 50)。国内におけるネイション構造の複合性、さらには大英帝国の存在に起因する統治の複雑な構造という歴史的背景によって、イングランド、ブリテン、連合王国を一体のものとして認識することが可能な状況があり、とりわけイングランド人 (English) とブリテン人 (British) に関してはその区別があまり重視されてこなかった[16]。このような状況は、日本においてしばしば「イギリス」という呼称がイングランドとブリテンという区別にとらわれずに使用されている状況にも現れている。つまり、「イギリス」は、「イングランドを指すのか、それともスコットランド、ウェールズ、（北）アイルランドを含んだブリテン国家を指すのかという両義

性」をもつ呼称なのである (塩川 2008: 48)。日本において「イギリス」という呼称がしばしば用いられるのは、その位相の違いが主たる論点となってこなかったことを示唆している。

このように「イギリス」においてはネイションが重層的に捉えられ、イングランド (England) とブリテン (Britain/ Great Britain) はともにネイションとみなされている。また、コリーは「創出されたネイションとしてのグレート・ブリテン (Great Britain) を誕生させ、それを以前からある連携や忠誠心の上に重ね合わせることを可能にした最大の要因」として 1689 年から 1815 年の一連の大規模な戦争の存在を指摘している (Colley 1992: 316=1998: 81-82)。また帝国の存在に関しても「ブリテン人 (Britons) は帝国植民地で数百万もの植民地従属民の上にあって、またかれらと自分たちとの差異性に基づいて一体感をもつことができた」と述べている (Colley 1992: 325=1998: 89-90)。

このようにネイションが重層的・複合的に存在する一方で、連合王国 (UK) というまとまりと一致するようなネイションは創造されてこなかった[17]。アンダーソンによれば、連合王国は「その名称からナショナリティ〔国民的帰属〕を排除した稀有な例」なのである (Anderson 1991: 2=1997: 19、〔 〕内原文)。

(1) ナショナルアイデンティティの重層性

連合王国／ブリテンにおけるナショナルアイデンティティは、イングランド、ウェールズ、スコットランド、アイルランドと結びついていて、ブリテンという単一国家意識がそれほど強くはないことが指摘されている (佐貫 2002: 184)。その歴史的経緯は次のように説明されている (谷川 1999; Green 1997=2000)。

連合王国は、アングロ = サクソン系のイングランドとケルト系のウェールズ、スコットランド、北アイルランドの連合体である。イングランドが中核となって、ウェールズとは 1536 年、スコットランドとは 1707 年、アイルランドとは 1801 年にそれぞれ合併している。カトリック色の強いアイルランドでは、19 世紀を通じて激しい自治独立運動が展開され、1922 年にはプロテスタントの多い北部 6 州を除く地域が自治権をえて事実上独立している。

ウェールズとスコットランドは、19世紀の大英帝国の世界制覇に積極的にかかわり、軍事的・経済的にそれを支えた。大英帝国の発展に貢献した両国は、外に向かっては「ブリテン臣民」としてのアイデンティティをもち、内においては大英帝国の経済的繁栄を共有したのである。スコットランド人はとくに海外植民に積極的であり、本国の「ブリテン人」として振る舞った。このような歴史的展開が、「ブリテン国民」としてのアイデンティティを担保することになった。つまり、「帝国意識」が絆となり、両国民に (1) 大英帝国臣民、(2) ブリテン人、(3) スコットランド人、ないしウェールズ人という3重のアイデンティティ複合をもたらした (谷川 1999: 60-62)。このように、連合王国／ブリテンにおいては「ナショナル (4つの地域) ―ナショナル (ブリテン) ―トランス・ナショナル／リージョナル (大英帝国)」という3つの次元にわたる重層的なアイデンティティが歴史的に形成されてきた。

ブリテン (イングランド) による統合政策も、国内植民地的なアイルランドに対するのとは異なり、比較的ゆるやかな分権的統合にとどまったとされている。19世紀のスコットランドでは司法と教会制度に独自性を残し、ウェールズでは民族語であるカムリー語の保存・教育運動というかたちで文化的独自性を保ちつづけることができたためである。イングランド主導の政治・文化的統合の穏やかさは際立っており、国内に向けてもそれは同様であったという。「豊かな帝国臣民」意識というより高次な紐帯が、連合王国内のエスノ・ナショナリズム的な動きをたくまずして封じ込めたとも考えられている。「もっと単純にいえば、イングランドの目は海外植民地経営にそそがれ、イギリス国内の非均質性は結果として放置されたのである。こうして、まことにユニークな多民族複合型の非集権的国民国家が生成することになった」という (谷川 1999: 61-62)。

先行研究においては、柿内・園山が、スコットランドにおける多次元的なアイデンティティに言及し、その構造が「national (Scottish), national (British), region (European), global (international) となっている」と述べ、「national の次元でスコティッシュとブリティッシュの2つを同列に取り上げている」と指摘している (柿内・園山 1998: 131、下線引用者)。ここで付言しておく必要がある

のは、現在では国家を超えた共同体として欧州連合(EU)が存在していることである。1992年2月には、マーストリヒト条約が調印され[18]、欧州連合市民権(EU citizensip)の創設を宣言した(安江 1992: 161)。

　グローバル化に伴って、ポストナショナルなアイデンティティや重層的なアイデンティティの育成に注目が集まる中、歴史的に多元的なアイデンティティが存在してきた連合王国／ブリテンにおいて、特定のナショナルアイデンティティが強調されることの意味について考察することには意義があると考える。

表1-2　連合王国における重層的なアイデンティティ

領　　　域			アイデンティティ
リージョナル	ナショナル	サブ・ナショナル	
欧州連合 (EU)	連合王国 (UK)	イングランド	イングリッシュ
		ウェールズ	ウェルシュ
		スコットランド	スコティシュ
		北アイルランド	(ノース)アイリッシュ
			ブリティシュ
			ヨーロピアン

出典 : 佐貫(2002: 185)の図表〈10-2〉を参照し、筆者作成。

(2) 教育とナショナルアイデンティティ

　それでは、教育とナショナルアイデンティティの形成についてはこれまでどのように論じられてきたのだろうか。例えば、グリーンは次のように指摘している[19]。「ブリテンのナショナルアイデンティティ(British national identity)の歴史的構築における教育の役割は、複雑な問題である」と述べ、大陸の欧州諸国と比較すると、「ブリテンの教育は、国民国家の形成においてさほど一貫した役割を担っておらず、学校はナショナルアイデンティティ形成のための主要な手段とは必ずしもみなされてこなかったように思われる」と述べている(Green 1997: 94=2000: 128-129)。さらに、ブリテンにおける教育の顕著

な特徴として、「連合王国のそれぞれの地域で教育供給が分離している（しかし緩やかに結びつけられている）という複雑性に加えて、教育の自発的性格（voluntary character）にある」と述べている（Green 1997: 94=2000: 129）。すなわち連合王国においては、それぞれの地域において異なる教育システムが維持されてきたということである。

またグリーンは、「現代において、なぜブリテン国家（British state）は教育に対して、レッセフェールの態度を取り続けているのか」ということを疑問視し、それに対しては、「ブリテンは国民国家として領土的・文化的統一を早期に成し遂げたという点で例外的であった」こと、「ブリテンは少なくともノルマン征服以降、外国からの侵攻を回避することにおいて、その地理的隔絶性、能力という点で幸運に恵まれていた」ことを指摘している（Green 1997: 94=2000: 129-130）。

結論としては、「ブリテン国家の歴史的形成において、教育は間違いなく他の欧州諸国家と比較してさほどの役割を担わなかったのであり、ナショナリズムは学校のカリキュラムにおいては、相対的に弱められた形態をとってきたのである。国民教育（national education）の発達の数世紀前に起こったブリテン国家の初期の統合は、ブリテン国家形成における教育の主要な役割を先取りしてしまったのである。19世紀に整備されたイングランド、ウェールズ、スコットランド、アイルランドそれぞれの特有の教育制度は、それぞれの地域の文化的アイデンティティを形成する役割を果たし、また、とりわけ帝国期には、緩やかなグレートブリテンのアイデンティティ（Great British identity）の形成にも貢献した。しかし、世紀の転換期に関してのみ、学校は国民意識（national consciousness）の形成のための主要な場であったといいうるだろう」と述べている。このとき、1988年教育改革法による共通カリキュラムの導入に関する議論も例示し、「しかし、この世紀転換期以外の場合については、事態はいっそうこれより複雑であるし、結果も安定したものではなかった」（Green 1997: 104=2000: 141）と指摘している。

このようにブリテンにおいては、教育とナショナルアイデンティティの形成が明確に関連づけられてこなかったという歴史がある。グリーンが指摘

するように、4つの地域の教育制度はそれぞれの地域の文化的アイデンティティと結びついてきた。

(3) 日本のイギリス教育研究における国民教育に関する検討

日本のイギリス教育研究は、国民教育に関する問題として「二つの国民 (the Two Nations)」に主たる焦点をあててきた。「二つの国民」とはすなわち、労働者階級と中産階級以上の階級のことを指しており、階級によって2つに分断された学校制度のあり方が問題とされてきた。つまり、このような学校制度を通じて労働者階級の世代を超えた再生産が続いたことに関心が向けられてきたのである (松井 2008: 15)[20]。また一方で、イギリス教育研究はイングランドをその中心的な研究対象として設定してきた。先行研究における「国民教育制度 (National System of Education)」の「National」はつまるところイングランド (及びウェールズ) の教育制度を意味しているといえる (菅野 1978: 286-287)[21]。このように先行研究における「国民 (national)」の内実は、論者によって異なっている。加えて、研究上の問題設定との関連において、イングランド、ブリテン、連合王国といった位相の違いは主たる論点とはなってこなかったといえる。

第4節　小　括

第1章では、帝国に由来するシティズンシップの特質を、地位、権利、アイデンティティという3つの要素に着目して整理した。まず、地位としてのシティズンシップ (国籍) は、特定のナショナルアイデンティティとは結びついてこなかった。国籍法上において「ブリテン国民 (British citizen)」という法的地位が設定されたのも 1981 年という比較的近年になってからのことであったといえる。次に、権利としてのシティズンシップは、国籍と結びついたものとして規定されておらず、それぞれの実定法により定められてきた。その背景にはブリテンには市民的自由という考え方があり、権利は残余として定義されてきたということがあった。最後に、アイデンティティとしてのシティズンシップについては、ブリテンにおいてはナショナルアイデンティティが

重層的に存在してきており、それは大英帝国という存在が背景にあったことが指摘されていた。

これらの帝国に由来するシティズンシップの特質は、第2章以降で検討を行うシティズンシップ教育のカリキュラム改革をめぐる議論において、そのあり方が「曖昧」であると批判されることになる。この意味で、帝国に由来するシティズンシップの特質を踏まえておくことは、カリキュラム改革をめぐる議論を検討する上での重要な出発点となる。

注

1 　なお、連合王国における国籍をめぐる用語について、宮内は「イギリスでは、国籍および市民権の両文言が法的に有効に用いられているが、現在でもなお、両者ともに国籍法制上の明確な定義は存在せず、また、その関係性についても明らかとされていない」(宮内 2012: 173-174) と指摘している。すなわち、国籍を示す語として「nationality」と「citizenship」は互換的に用いられうるということである。

2 　ただし、これまでにもブリテン臣民についての規定があったことから、国籍保有者という観点からみれば国民は存在してきたといえる (柳井 2004: 7)。しかし一方で柳井は、国籍法制における国民像の不在を指摘している。「イギリスが17世紀の二つの革命に際して、社会契約的な理念を国家の編成原理として採用せず、またそのような価値を中核とする憲法典を制定することもなく、〔…略…〕普遍主義的な形での近代的政治共同体を表象するような国民像も、そのような価値に基づく国籍制度も、この国においては、今日にいたるまで存在してこなかった」(柳井 2004: 290)。本研究では「国民」概念を定義する際、ネイションとのつながりが想定されるか否かという点を重視している。一般的にブリテンはすでに国民形成を行ってきた、または国民国家として成立しているとみなされている。本研究では、この点についても帝国としての存在や植民地との関係性を視野に入れつつ再考する必要があるという立場に立っており、そのような意図から国民の不在という点に着目している。

3 　ダメットはブリテンのシティズンシップ (British Citizenship) について、「少なくとも、他の国で理解されているようなシティズンシップは存在しない」と述べている (Dummett 1994: 75)。ブリテンの多くの人びとは、法的な国籍 (legal nationality) について不確かであるか、もしくは、ブリテンの一部 (4つの構成地域) に所属していると考えているという。「この不確かさは根深いものであり、複雑

な要因がある」と述べている (Dummett 1994: 76)。

4　1981年国籍法が制定されるまでは、連合王国での出生のみが国籍取得に必要なものであった。ところが、1983年から施行された1981年国籍法のもとでは連合王国で出生した子どもは、片方の親がブリテン国民 (British citizen) である場合か、永住権を持っている場合にのみ、国民 (citizen) の法的地位を取得できるようになった (Dummett 1994: 82)。

5　ダメットによる次の指摘も参照のこと。「イングランドは、臣民の忠誠の理論を中世から20世紀初頭まで維持していた。その理由はイングランドが早すぎる時期に共和主義革命を経験したからである」(Dummett 1994: 76)。

6　柳井は、ブリテンにおける法的地位 (国籍) が一つの政治共同体に主体的に参加する構成員としての資格ではなく、君主との間の垂直的な支配服従関係から帰結される地位として定義されてきたと指摘している (柳井 2004: 52)。国王への忠誠義務を媒介として国籍が決定されるという構造は、1948年国籍法の制定まで存続したという (柳井 2004: 56)。

7　ダメットによる次の指摘も参照のこと。「古代の憲法上のドクトリンは保持されており、そのため、国民 (a national or citizen) の内実を示すような概念はこれまで発展させられてこなかった。ブリテンの居住者は、ブリテン臣民と呼ばれ、その名称に誇りを感じてきたのである」(Dummett 1994: 76)。

8　このとき、ブリテン人意識のみならず、連合王国の4つの構成地域のナショナルアイデンティティについても考慮する必要がある。連合王国の4つの地域は、それぞれがネイションとしてのまとまりを主張している。1997年に労働党政権が成立し、分権改革が推進される中でこのような傾向は活発化している。また、欧州統合がこの傾向を勢いづけているという側面もある。これまで、帝国としての覇権を遺産としてゆるやかに維持されていた「ブリテン (Britain)」というまとまりが、徐々に問い直されるようになっているといえる。

9　英帝国時代に始まる移民・国籍法制の展開については、柄谷の一連の研究 (柄谷 1997; 2001; 2003; Karatani 2003) を参照した。

10　柄谷 (2003) の研究をまとめる際、表記を本研究の用法に適宜改めた。

11　詳細な分析は、柄谷 (1997) を参照のこと。

12　コモンウェルスと欧州共同体の関係については、「コモンウェルス市民とヨーロッパ共同体加盟市民が量りにかけられ、前者が切り捨てられたというよりかは、コモンウェルス市民権がすでに意味を失っていることが、ヨーロッパ共同体加盟によって広く知らしめられたと理解すべきである」と説明されている (柄谷 2003: 211)。

13　「〔19〕48年国籍法によって創設された『連合王国及び属領地市民 (以下、

CUKC)』の中で、〔19〕71 年移民法の下で英国への出入国の自由を認められて
いた者が『英国市民』とされた。それ以外の CUKC は二種類に分けられ、ま
だ独立していない地域の住民は『英国属領地市民 (British Dependent Territories
Citizenship)』、それ以外の者は『英国海外市民 (British Overseas Citizenship)』となる。
『英国市民』に加えて、〔19〕71 年移民法の下で英国への出入国の自由を認められ
ていた一部の『コモンウェルス市民』(例えば、英国生まれの親を持つオーストラ
リア市民) は、〔19〕81 年国籍法制定以降も入国規制の対象から外された。しか
し、〔19〕81 年国籍法が施行した〔19〕83 年 1 月 1 日以降に出生した『コモンウェ
ルス市民』についての規定は存在しないため、やがてはコモンウェルス市民全員
が入国規制を受けることになる。また、『英国海外市民』の継承は一代に限定さ
れており、『英国属領地市民』もすべての植民地が独立すれば消滅する。その結
果、21 世紀中には『英臣民』の名残は自然消滅し、『英国市民』が英国国籍法上の
唯一の資格となるはずである」(柄谷 2003: 186,〔 〕内引用者)。なお、ここでの「英
国市民」は British citizen であり、本研究では「ブリテン国民」と訳している。

14 翻訳にあたっては、基本的に田中氏・関根氏の訳を用いているが、英国とい
う訳については本研究の用法に改めた。

15 大田氏の訳では「多国家的国家」となっているが、ニュアンスの伝わりやすさ
を考え「複合的国民国家」と訳した。

16 グリッロによる次の指摘も参照のこと。「論争的であり、問題もあるのだが、『イ
ングランド／イングランド人 (England/ English)』は時に『ブリテン／ブリテン人
(Britain/ British)』を表すものとして互換的に用いられる。これはブリテン諸島の
他の地域に対するイングランド人の過去の植民地主義的な態度をいくぶんか反
映している」(Grillo 2010: 51)。

17 グリッロによる次の指摘も参照のこと。「マルチ・ナショナルな連合王国には、
そのすべての人びとを問題なく含みこむような単一の用語は存在しない」(Grillo
2010: 51)。

18 正式名称は欧州連合条約 (Treaty on European Union: TEU) である。1991 年 12 月
に欧州理事会において採択、1992 年 2 月に調印、1993 年 11 月に発効した (フォ
ンテーヌ 2011: 82)。

19 翻訳にあたっては、基本的には大田氏の訳を用いているが、イギリスの呼称
については本研究の用法に改めた。

20 労働党政権における教育政策の展開に焦点をあてた研究として、三好 (1968;
1974)。

21 国民教育制度については National education system とも表現されている (菅野 1978:
281)。また、1944 年教育法については「公教育の国民的制度 (National System of

Public Education)」と言及されている（菅野 1978: 258）。ただし法律上は「法定の公教育制度 (the statutory system of public education)」 (Part Ⅰ 4(3); Ⅱ, 7; Ⅳ, 86(1) in Education Act 1944) となっている。1944 年教育法の適用範囲はイングランド及びウェールズである。

第2章　シティズンシップをめぐる共通認識の欠如
——第1期カリキュラム改革

　本章では、1980年代後半から1990年代初頭にかけての第1期カリキュラム改革を取り上げる。中核となる価値の位置づけに焦点をあてながら、国民意識の形成にかかわる論点を検討することで、帝国に由来するシティズンシップのあり方を問題視する状況が顕在化してくることを指摘する。

　第1期には1988年教育改革法の成立により、イングランドにおいて初めて共通カリキュラムが導入されることになった。このとき、共通カリキュラムのみでは教育改革法において言及されている「均整のとれた幅の広いカリキュラム」を提供することができないとされ、教育課程審議会(National Curriculum Council: NCC)は共通カリキュラムの各教科に加えて、宗教教育、その他の教科、課外活動、そして教科横断型テーマを含めた「全体カリキュラム」の必要性を指摘した(柴沼・新井 2001: 161)。このとき、シティズンシップ教育は5つの教科横断型テーマのうちの一つとして提示されることになる。

　シティズンシップ教育が教科横断型テーマとして提案された理由は、当時の保守党政権においてシティズンシップに対する政治的な関心が高まったということが背景にある。そのキーワードは、「行動的な市民(active citizen)」であった。ヒーターはその関心が高まる画期を1988年とし、3つの出来事を挙げている。それは、当時のダグラス・ハード(Hurd, Douglas)内務大臣のスピーチ、著名なジャーナリストであるヒューゴ・ヤング(Young, Hugo)の記事、そして超党派で組織されたシティズンシップ委員会(Commission on Citizenship)の設立である(Heater 2006: 207-208)。この概念の導入によって自助と自己責任の意識の活性化が図られようとした(柄谷 2001: 94)。

64

先行研究においては、保守党政権のもとで行われた第1期カリキュラム改革については新自由主義思想が色濃く反映されたものとして否定的に捉えられることが多い[1]。共通カリキュラム導入期のシティズンシップ教育を分析した先行研究の多くは、この時期の取り組みの理念上の問題と実施上の課題を指摘している。理念上の問題については、福祉国家体制からの転換という政治的文脈の中で、市民が共同体に対して負う義務や責任を強調する新自由主義的なものであったということである（Oliver 1991: 164）。そして、シティズンシップ教育においてもこの思想が反映されているという見方が大半であった（Carr 1991; Davies 1999; 木原 2001）。一方で、実施においても多くの課題を抱えていたことから、学校レベルへの浸透が十分ではなかったことが指摘されている[2]。

　本章では、共通カリキュラム導入期のシティズンシップ教育の第1期カリキュラム改革について、中核となる価値の位置づけに焦点をあてながら、国民意識の形成にかかわる論点を検討する。とくに、シティズンシップ教育との関連において権利や国籍がどのように論じられたのかに着目する。この分析を通じて、第1期においては帝国に由来するシティズンシップの曖昧さが問題として認識されるようになったこと、また、シティズンシップ教育の中核として人権という原則が見出されたことを指摘する。その際、シティズンシップ教育に関する勧告を行った報告書、報告書作成過程の議事録及び配布資料[3]、カリキュラムのガイドラインを示した冊子を主たる分析対象とする。この時期はシティズンシップ教育を通じた国民意識の形成にかかわる萌芽的な状況が存在していたといえる。

　本章の構成は以下の通りである。第一に、1988 年教育改革法成立以前のシティズンシップ教育について整理する（第1節）。第二に、先行研究をもとに共通カリキュラム導入の意味をナショナルアイデンティティの形成という点から整理する（第2節）。第三に、報告書作成過程の議事録及び配布資料を手がかりとして、人びとの共同体への参加をどのように促すのかという当初の課題設定から、「シティズンシップ」とはそもそも何を意味するのかという問いへと論点が広がったことを示す（第3節）。第四に、報告書においては

シティズンシップの定義が困難であると認識されていたことを指摘する（第4節）。第五に、シティズンシップ教育のガイドラインにおいて報告書のスタンスがどのように反映されているのかを示す（第5節）。小括として、第1期カリキュラム改革にみるシティズンシップ教育を通じた国民意識の形成をめぐる論点について整理する（第6節）。

第1節　1988年教育改革法成立以前のシティズンシップ教育
第2節　共通カリキュラムの導入とナショナルアイデンティティの形成
第3節　シティズンシップ委員会の審議経過にみる論点の推移
第4節　委員会報告書にみるシティズンシップの定義
第5節　『カリキュラムガイダンス』への反映
第6節　小　括

第1節　1988年教育改革法成立以前のシティズンシップ教育

　イングランドでは、シティズンシップ教育が1900年代の初頭から、比較的広範囲にわたり公立学校で実施されていたという。その内容はおもに、投票の具体的な方法等、有権者養成を主眼とするものであった（木原1999: 165）。

　その一方で、政府や公的な支援を受けた組織もシティズンシップ教育に着目していた。1930年代には、シティズンシップ教育協会（Association for Education in Citizenship: AEC）が学校におけるシティズンシップ教育を提唱した。それは、ドイツにおけるファシズムの高まりに対抗することを学校にアピールするためであったという（Derricott 1998: 23）。AECはシティズンシップ教育に対する認識を高めるために、カリキュラムの中に個別の授業時間を設けることを提唱し、中等教育レベルでの教科教育としての扱いを奨励した（木原1999: 165）。

　戦後には、1949年に政府が『成長する市民（Citizens Growing Up）』と題する文書を発表し、シティズンシップの育成及び急進的な政治思想の広がりを防ぐために学校が重要な役割を担っていることを強調した。この文書は、ファシズムの危険性について回顧するだけではなく、共産主義が拡大する可能性に

ついて警告するものであったという。同文書においては、戦争直後の雰囲気を反映し、社会を再建する必要性を認識しつつ、学校がコミュニティ、地方や全国的な政府の機能、「よき」市民（'good' citizen）としての義務や責任についての理解の構築に積極的な役割を果たすことを主張した（Derricott 1998: 23-24）。しかし、シティズンシップ教育を推進しようとするこれらの公的な取り組みは、学校に対してほとんど影響を与えなかった。それは、カリキュラムに関する法令の枠組みが存在せず、また学校がこのような変化に強く抵抗したからであった（Derricott 1998: 24）。

1970年代から80年代にかけては、政治的リテラシー運動（political literacy movement）が展開された。この時期には、バーナード・クリックらによって政治教育プログラムが開発された。このプログラムは、知識を獲得すること以上に政治的スキルの発達を強調し、政治生活についての教授と学習の方法を変容させることを目的としていた。このプログラムは課題中心型学習であり、討論、ゲーム、シミュレーションなどの方法が用いられた（Derricott 1998: 24）。

しかし、課題中心型のアプローチが提唱される一方で、教員は困難を抱えることとなった。というのも、教員は生徒に対して政治的状況のさまざまな解釈を示すようなスキルを持っていなかったのである。そのため、ブリテン以外の政治システムについてはほとんど言及されなかったという（Derricott 1998: 24）。

また、政治教育プログラムは、国際的、あるいはグローバルな視野を広げることを意図したものではなかった。そのため、ワールド・スタディーズ、平和教育、開発教育、多文化教育、人権教育などの運動が同時に展開する中で、カリキュラムに残されたわずかな時間を取り合うような状況であったという。さらにその成功は、十分な専門的知識と学校において影響力を持つ個々の教員の熱意にかかっていた。歴史や地理といった教科で連携して取り組まれることもあったが、この2つの伝統的な教科でさえカリキュラムのなかで時間を確保しなければならなかったという（Derricott 1998: 24）。

第2節　共通カリキュラムの導入とナショナルアイデンティティの形成

　イングランドにおいては1988年教育改革法の成立によって初めて共通カリキュラムが導入された。それ以前は1944年教育法により集団礼拝と宗教教授からなる宗教教育のみが必修領域とされ、カリキュラムに関するその他の規定は存在しなかった (柴沼・新井 2001: 9)。共通カリキュラムの導入により、イングランドの「教育史上はじめて」教育内容について大臣に決定権を与えることとなったのである (鈴木・小口他 1990: 35)。このことは国・地方・学校 (教師) の三者協調主義に基づく緩やかな教育内容行政システムに大きな変化をもたらすこととなった (木村 1990)。重要なのは、共通カリキュラムの導入によって学力水準の向上が図られるとともに、中央政府主導のもとで共通の資質の育成が目指されるようになったということである。

(1) 1988年教育改革法の成立と共通カリキュラムの導入

　従来、政府はカリキュラムにほとんど関与せず、その決定は地方教育当局 (実質的には各学校) にゆだねられてきた。しかし、先進工業国の間における相対的な学力水準の低下が危惧されるようになってくると、すべての児童生徒に一定水準の学力を確保することの重要性が指摘されるようになり、1980年代を通じてカリキュラムに関する共通枠組みの設定が摸索された。1987年にサッチャー保守党政権が発足し、その翌年には1988年教育改革法が成立することとなる[4]。この法律によって、法令上明確に共通カリキュラムを定める権限が教育大臣に与えられた (篠原 2000: 95)。

　共通カリキュラムは、中核教科 (core subjects) とされる数学、英語、理科に基礎教科 (foundation subjects) の歴史、地理、技術、音楽、芸術及び現代外国語 (中等学校のみ) を加えた10教科を定め、公営の義務教育学校 (5歳から16歳までの11年間) において必修とした (木村 1990: 145)。

　学校は、①共通カリキュラムに示される教科、②共通カリキュラム以外に指導が義務づけられている内容、③学校独自の教育活動、という3つの要素からなるカリキュラムを編成する。共通カリキュラム以外に指導が義務づけ

られている内容としては、宗教(1996年教育法)、性教育(1993年教育法)、進路指導(1997年教育法)がある。これらのうち、特に性教育と進路指導については、人格・社会性教育(PSE)において、薬物教育などとともに実施される場合もある。また学校は独自の教育活動として、共通カリキュラムの教科以外の科目や教科横断的な教育活動を編成することができる(文部科学省 2002: 48)。

さらに、2~3学年を一つとする4つの教育段階としてキーステージ(Key Stage: KS)が設けられ、キーステージにそって教科ごとに「学習プログラム」(programmes of study)、及び修得が期待される知識、スキル、理解を示す「到達目標」(attainment targets)が示された。キーステージと年齢の対応は**表2-1**に示す通りである(篠原 2000: 96; 文部科学省 2002: 49)。

共通カリキュラムは1989年度から順次導入され、当初1996年度までに完全導入される予定であった。しかし、内容が過密で学校の自主性が発揮できないことなどが問題となり、1993年から改訂作業が進められスリム化が図られた。改訂された共通カリキュラムは1995年から導入され、2000年までは変更せずに実施、その後必要に応じて改訂されることになった(篠原 2000: 96)。

表2-1　キーステージと学年及び年齢の対応

キーステージ(KS)		学年	年　齢
KS 1	初等学校	第1~2学年	5~7歳
KS 2		第3~6学年	7~11歳
KS 3	中等学校	第7~9学年	11~14歳
KS 4		第10~11学年	14~16歳

また、共通カリキュラムの導入に伴ってカリキュラムの定着をみる共通テスト(national test)を実施することが1988年教育改革法において示され、1991年から、7歳、11歳、14歳を対象に英語、数学、理科のテストが段階的に導入された。当初、試験の内容や実施に伴う過重な負担などを理由に、教員を中心にテストに対する強い反対が起こり、十分な実施ができない事態が生じた。そこで、カリキュラムの改訂と並行してテストの簡素化がなされ、

1995 年からは 7 歳、11 歳、14 歳において英語、数学、理科のテストが実施されている（篠原 2000: 97）[5]。

(2) 教科横断型テーマ「シティズンシップ教育」の提案

　共通カリキュラムの導入後、1990 年には教科横断型テーマとして「シティズンシップ教育（Education for Citizenship）」が提案されることになる。これは、教育課程審議会（NCC）[6] が、共通カリキュラムの各教科、宗教教育、その他の教科、教科横断型テーマ、課外活動を含めた「全体カリキュラム（whole curriculum）」が必要であることを指摘したためである。その背景には、1988 年教育改革法において「学校、及び社会における児童・生徒の精神的、道徳的、文化的、知的及び身体的発達を促進し、成人後の生活における機会、責任、及び経験について児童・生徒に備えさせる」ような「均整のとれた幅の広いカリキュラム」を提供することが言及されていたことが挙げられる（新井 2001: 160-161）。

　教科横断型テーマとは、共通カリキュラムの各教科を横断して取り扱われるテーマ、もしくは法令教科に対して独自の統合教科として取り扱われるテーマである。ここで取り上げられたテーマは 5 つあり、「シティズンシップ教育」以外には、「経済・産業理解教育」、「キャリア教育とガイダンス」、「健康教育」、「環境教育」があった（新井 2001: 161）。

(3) 共通カリキュラムの導入を通じたナショナルアイデンティティの形成

　共通カリキュラム導入の主要な目的は、児童生徒の学習する教育内容を共通化し、教育水準の全体的向上を図ることにあった（木村 1990: 149）。それはまた同時に、ブリテン史とイングランド文学テキストの重視、及びキリスト教的価値を支配的に反映する義務的宗教教育の要求を伴うものであった（Green 1997: 102=2000: 139）。すなわち、主として歴史教育、英語教育、宗教教育をめぐってナショナルアイデンティティの形成にかかわる議論がなされた。

　歴史教育のカリキュラムをめぐる論争について整理した與田は、その論争の背景に「イギリス人（The British）としてのアイデンティティをいかに定義し、

いかなる文化的遺産を子どもたちに伝達するか、というイギリスの自画像と価値観をめぐる対立〔…略…〕の存在がある」と指摘している（與田 2001: 54-56）。1980 年代から 90 年代にかけては国内外において急激な社会変化が生じており[7]、「イギリス人らしさ（Britishness）」や「イギリス人とは誰か」を改めて問わざるを得ない状況があった。歴史教育のあり方をめぐって繰り広げられた「大歴史論争（Great Histry Debate）」は、国家の分裂・解体への漠然とした不安やアイデンティティ喪失の危機感を反映した現象であったという（與田 2001: 56）。

　歴史教育における第一の争点は、「何を教えるか」という教授内容にかかわる側面であった。與田はその論争を「イングランド中心主義（保守派）」と「多文化主義」の対立として整理している。保守派にとっては、「イギリス史とは世界にも稀にみる独自の制度と文化を築き上げ、世界史に多大な影響を及ぼした国民の物語」であり、この歴史という遺産こそが「多民族化が進むイギリス社会にあって多様な人間を統合する『共通の価値（shared values）』」であると考えられている。つまり、「人種・宗教・文化的差異に関係なく、イギリス独自の過去と遺産に対して誇りをもち、アイデンティティの基礎をそこに据えた人間こそイギリス人」とみなされる。一方で、多文化主義者からみれば、保守派が想定する共通の価値は「過剰なまでにイングランドの歴史と文化に偏っており、時代錯誤な『イングランド中心主義（Anglo-centrism）』の表れ」であり、「白人中心の、エリート中心の、男性中心の歴史」であるとして、その偏狭さを指摘した（與田 2001: 56-57）。

　第二の争点は「どう教えるか」という教授方法にかかわる側面であった。保守派にとっては、歴史的な「知識とは暗記し、継承するもの」とみなされる。これに対して、ニュー・ヒストリー（New history）[8]においては、「歴史的知識を不偏不党の真実として信奉するのではなく、視点の変化によって異なる相貌を見せうる相対的な性格をもつものとみなし、知識に対してより慎重な態度を取るように教授すべきであると提唱」した（與田 2001: 57）。

　ここでは英語教育及び宗教教育をめぐってなされた議論の詳細には立ち入らないが、以下の点について確認しておきたい。それは、共通カリキュラムで扱う内容の決定は 1980 年代から 90 年代の社会変化を背景として「ナショ

ナル・アイデンティティの再定義をめぐる争い」(與田 2001: 56)へと発展しており、教育内容や方法の決定は非常に論争的な問題であったということである。

　共通カリキュラム導入期のこのような状況を踏まえると、教科横断型テーマという位置づけであったとはいえ、シティズンシップ教育においてブリテンの価値の伝達をめぐって議論がなされたことは十分に考えられる。以下の節では、シティズンシップ教育に関する勧告を行った報告書とその審議過程の議事録及び配布資料を手がかりとして、国民意識の形成との関連においてどのような論点が提起されたのかを跡づける。

第3節　シティズンシップ委員会の審議経過にみる論点の推移

(1) 委員会の設置とその目的

　共通カリキュラムの導入が決定された後、シティズンシップ教育は教科横断型テーマの一つとして設定されることとなった。先にヒーターが指摘したように、保守党政権においてシティズンシップへの関心が高まったのは、ハード内務大臣のスピーチやジャーナリストであるヤングの記事を発端とする。この時期には、保守党、労働党、自由民主党の主要3党がそれぞれシティズンシップを促進する計画を発表していた。しかし、「市民」とは誰を意味するのか、また「市民」として誰の義務感を促したいのかはあいまいであったという(柄谷 2001: 94)。

　教科横断型テーマとしてのシティズンシップ教育について検討を行ったのは、シティズンシップ委員会(Commission on Citizenship、以下、委員会)である。委員会は報告書『シティズンシップの促進』(Commission on Citizenship 1990)を公表し、シティズンシップの学習にあたっては人権にかかわる主要な国際憲章や条約に準拠するよう勧告した。この報告書の公表後には、『カリキュラムガイダンス8：シティズンシップ教育』(NCC 1990b)が刊行されることになる。

　委員会の概要と設置の目的は以下の通りである。委員会は1988年7月の教育改革法成立後、同年12月に下院に設置された。委員は、下院議長バーナー

ド・ウェザリル (Weatherill, Bernard) [9] が任命した 33 名及び事務局 1 名、内務省のオブザーバー 1 名によって構成されていた。委員長はモリス・ストーンフロスト (Stonefrost, Maurice) [10]、事務局はフランシス・モーレル (Morrell, Frances) [11] が務めた。委員には保守党、労働党、自由民主党の議員が加わっており超党派で組織されていた。その他には有識者、ボランティア団体、学校、教会、企業等の関係者も参加していた。1989 年 1 月～1990 年 7 月の間に委員会の会合が 7 回、委員会が主催するセミナーが 2 回開催された。また、委員会の他に作業部会が設けられ、定期的に話し合いがもたれた (Commission on Citizenship 1990: ix)。

委員会の目的は、地域的・全国的な共同体における多様な集団 (学校にいる子ども、大人、正規雇用者、ボランティアなど) のうちに、どのように行動的シティズンシップ (Active Citizenship) を促進し、発達させるのかを検討することと、その活動を認定するための最善の方策について検討することにあった [12]。行動的シティズンシップは「さまざまな共同体 (自然環境や構築環境を含む) における個人、集団、組織の積極的で主体的な参加」と暫定的に定義されていた。また、委員会が取り組む課題として以下の 6 点が設定された。それは、①行動的シティズンシップの定義、②この領域〔＝行動的シティズンシップ〕における既存の取り組みに関する調査、③他の組織との協議、④さまざまな認定方法の利点と欠点の整理、⑤認定のための基準の開発、⑥個人、集団、組織に対する認定、表彰、評価などの実現可能な認定形態についての調査であった。

委員長であったストーンフロストは声明 [13] において委員会設置の背景について次のように述べている。「委員会は連合王国において現在、行動的な市民としての人びとの共同体への貢献を認定する公的な制度が存在しないという関心から設置された。共通カリキュラムの導入によって、学校ではテストされることのない活動が価値づけられず、周縁化されるのではないかという危惧がある」。このように委員会設置当初の主要な関心は、行動的な市民としての活動を認定するための基準を創設することにあった。その背後には、共通カリキュラムの導入によって教科としての位置づけがなされないボラン

ティア活動などが重視されなくなることへの危惧が存在していた。

(2) 審議経過にみる論点の広がり

　委員会の審議経過において、共同体への貢献となるような活動への参加を
どのように促すのかという「行動的シティズンシップ」をめぐる問いは、そ
もそも「シティズンシップ」とは何を意味するのかという問いへとつながっ
ていった。その契機となるのは、1989年4月に開催されたセミナー「シティ
ズンシップの哲学 (Philosophy of Citizenship)」である。このセミナーの開催は第
1回の会合時にすでに計画されており、「行動的シティズンシップの基礎と
なる理論について議論するため、シティズンシップの定義を示すことと、委
員の課題に対して助言するよう登壇者に依頼する」とされていた。また「セ
ミナーの後に委員会として採用する定義について決定する」ことが予定され
ていた[14]。

　セミナー後に開催された第2回の会合では、報告書の草案作成に向けての
審議が行われている。シティズンシップの定義については、報告書の最初
のセクションで記述されることが予定され、関連する論点が議題として提
示された[15]。シティズンシップの概念に関しては以下のような提案がなされ
た。それは、「シティズンシップはその実質が国連の人権宣言、欧州人権条
約、欧州社会憲章において表明されている国際的な概念であること」、「分析
の際の立脚点として T. H. マーシャル (Marshall, T. H.) の定義と分析枠組み[16] を
採用すべきであること」、「シティズンシップについての共同体主義的な視点
は、政治的、市民的、社会的権利に基づく視点へと拡充すべきであること」
である。これらの点を委員会が承認するかどうかが問われていた。

　これらの論点をみると、参加を重視する共同体主義的なシティズンシップ
の視点のみではなく、権利としてのシティズンシップの視点の重要性につい
ても示されていることがわかる。さらには、シティズンシップが国際的な法
的枠組みの中に位置づけられている点も重要である。このようにシティズン
シップの定義をめぐっては、参加という資質をめぐる側面のみならず、権利
としての側面を踏まえた検討がなされていた。ただし、権利の側面を重視し

た議論の展開については異議も出されており、「報告書の力点は理論的側面よりも実践的側面に置くべき」という発言もみられた[17]。

(3) 権利と国籍をめぐる議論

シティズンシップの定義をめぐっては、権利だけではなく国籍についても議論がなされるようになる。第3回の会合においては、ブリテン国際法・比較法研究所の所長であったピアーズ・ガードナー (Gardner, Piers) が報告を行っており[18]、シティズンシップの法的及び憲法学上の示唆に関する草稿の作成をガードナーに依頼することが承認されている[19]。

その後の第5回の会合においては、ブリテン国際法・比較法研究所による「法的課題：いくつかの側面」と題する文書[20] が提出されている。この文書においては、「〔第4回の〕会合において、委員会はブリテン国際法・比較法研究所に対して、法的側面からみた連合王国におけるシティズンシップについて調査するよう依頼した。委員会は、法的側面に関する情報が多文化的状況におけるシティズンシップの検討に有益であると考え、主たる2つの領域を定めた」として、「国籍 (nationality) の獲得」と「政治的権利の行使」について説明している。

まず、国籍に関しては、1914年ブリテン国籍及び外国人の地位に関する法律、1947年にロンドンで開催されたコモンウェルス会議、1981年ブリテン国籍法に言及し、「コモンウェルス市民 (Commonwealth Citizen)」という法的地位が連合王国のみならず、コモンウェルス諸国の国民 (citizens) に与えられてきたことが説明されている。次に、政治的権利に関しては、「〔連合王国の〕居住者であるすべてのコモンウェルス市民に、あたかも実際に国民 (an actual citizen) であるかのように〔議会及び地方の選挙での〕投票が認め」られていたとし、「コモンウェルス諸国のうちでコモンウェルス市民に移住権 (immigration rights) を与えているのは連合王国のみである」としている。1960年代には移住権に最初の制限が加えられることになったが、「これらの変化にもかかわらず、〔連合王国への〕入国が許可された人びとへの政治的権利の付与の範囲は損なわれていない」と述べている。

国籍及び政治的権利のいずれの説明においても強調されているのは「連合王国の市民 (citizenry) はコモンウェルスを起源とするということの重要性」である。つまり、国籍保持者や政治的権利の主体という側面から連合王国の構成員を把握しようとすると、コモンウェルス諸国とのつながりを踏まえることが不可欠となるということである。委員会はこの報告を受けて、構成員の範囲が連合王国という枠組みには収まらないことを認識したと考えられる。

委員会が国籍や権利という法的側面にこだわった背景には、委員長の意向が反映されている。最後の委員会となる第7回の会合では、委員長による覚書「重要な課題」[21]という文書が提示され4つの課題が取り上げられている。それは、①議会と司法、②人権とシティズンシップ、③連合王国における市民の法的権利、義務、権利付与の見直し及び成文化に向けた勧告、④社会的権利である。このうち課題③について、委員会では4つのポイントに基づいて勧告を行うことが承認されていたという。それは、①適時性 (コモンウェルスの影響の終焉と欧州の影響の始まり)、②国籍の定義の完全な享受に対する (一貫性のない) 修正から生じる問題群、③法の明確さ、④教えやすさである。委員長は、「委員会においても周知のとおり、シティズンシップに関する法というのはもっとも慎重を要する領域である」とし、「委員会においては、法に加えられるべき具体的な修正について提示するわけではない」が、「できる限り明確になることが望ましい」と述べている。勧告では、「すべての市民にはっきりとした方法でこの〔＝連合王国における市民の法的権利、義務、権利付与に関する〕情報を周知する」ことを提起している。

このように、委員長は社会参加や政治参加の前提となる権利に関する情報を人びとが得られやすくなることを重視し、シティズンシップの法的側面の明確化を重要な課題とみなしていた。

第4節　委員会報告書にみるシティズンシップの定義

(1) 委員会の勧告

委員会での審議を経て、1990年9月にシティズンシップ委員会の報告書『シ

ティズンシップの促進』(以下、報告書)が公表されることになる。報告書は 3 つのセクションで構成されている。それぞれのタイトルは「Ⅰ：シティズンシップは何を意味するのか——委員会の議論の出発点」、「Ⅱ：シティズンシップを阻むもの」、「Ⅲ：シティズンシップを促進する」である (以下、括弧内は報告書の引用頁を示す)。

報告書では 18 項目の勧告が示されており、「市民になることを学ぶ」、「シティズンシップと司法行政」、「公共サービスとボランティア・セクター」、「ボランティアの機会」、「議会」、「公的認知」、「シティズンシップと公的及び私的セクターの企業」、「結論」に区別されている (pp. xviii-xxi.)。

ここからは教育のみならず、企業等も含んだ社会全体における行動的な市民のあり方について検討がなされたことがわかる。このうち教育に関連する勧告は、最初の「市民になることを学ぶ」において示されており、9 項目の勧告がなされている。18 項目の勧告のうちの半数を占めており、報告書が「シティズンシップ教育にかなりの重きを置き、この教育が効果的に行われるべきであるということに関心をもっていた」(Oliver 1991: 163) ことがみてとれる。

報告書はシティズンシップ教育について次のように勧告した。「委員会は、連合王国が署名した人権にかかわる主要な国際憲章や条約が、教室におけるシティズンシップの学習の準拠点となるべきことを欧州評議会と同様に勧告する」(p. xviii)。ここで言及されているのは、1985 年に欧州評議会が示した「学校における人権の教授・学習に関する加盟国大臣会議勧告」(Council of Europe 1985) である (pp. 96-100.)。この勧告は学校における人権教育についての指針を示したものである。

以下、報告書が人権教育の枠組みを参照するよう勧告した背景について、ブリテン社会を支える原則と人権との関連性、シティズンシップの定義の困難さをめぐる認識に着目して整理する。

(2) ブリテン社会を支える原則と人権との関連性

報告書においては、ブリテン社会を支える原則と人権との関連性が示されている。下院議長によって著された序文には、ブリテンの歴史と人権を結び

つける視点が端的に示されている。「マグナカルタは、ブリテンにおける人びとが自由な社会を確立するための長期にわたるプロセスにおいて重要な段階を示している。私たちの国が署名し、この報告書においても取り上げられる偉大な国際人権憲章や条約は、いまだ続くこのプロセスのなお一層の発展である」(p. v)。さらに、「共同体への帰属と規則を知ること」という節においては次のように述べられている。「戦後、連合王国は多くの宣言や条約に同意してきた。これらは人権に関する私たちの原則を示してきた。〔…略…〕実際、連合王国は、それらを推進することにおいて主導的な役割を果たした。例えば、欧州評議会の一員として欧州人権条約の起草に関わり、この条約を批准した最初の国家となった」(p. 12)。

このように、人権に関する国際的な宣言や条約は連合王国の歴史的展開のみならず、連合王国が果たした実際的な役割とも合致するものとして積極的に評価されていることがわかる。また、「権利、義務、公的機関の義務に関する私たち自身のシステムを支える原則は、これらの〔人権に関する〕条約で示された原則と似ている」(p. 13、〔 〕内引用者)という記述もみられ、ブリテン社会を支える原則と人権に関する条約が示す原則の類似性が指摘されている。

しかしその一方で、連合王国の独自性についても模索されていた。委員会の見解として主要な国際憲章や条約が教室におけるシティズンシップの学習の参照枠となるべきことが示されているが、「連合王国における権利付与と責任の発展もカリキュラムの要素となるべきであると思われる」という言及もみられ (p. 103)、国際的な枠組みを重視することに全面的な賛同がみられるわけではない。

(3)「新しいシティズンシップ」としての人権

報告書においては「人権とシティズンシップの権利 (entitlement) といった用語は重なり合うが、同じ意味を有するわけではない」とその違いが認識されつつも、これ以上の検討はなされていない。その代わりに、特定の国家のシティズンシップによらない個人の権利である人権を「新しいシティズンシッ

プ」と呼んでいることに注目したい (p. 12)。このように、政治共同体に枠づけられるシティズンシップとそれによらない人権の相違よりも、その類似性を強調する立場がみられる。

(4) シティズンシップを定義することの困難さ

ブリテンの歴史的文脈との関連において人権に関する宣言や条約が示す原則の重要性が示される一方で、シティズンシップを定義することは困難な課題として認識されていた。

設置当初に委員会が課題とした「行動的シティズンシップの定義」は、報告書において「行動的シティズンシップを含む、シティズンシップの定義」へと変化しており (p. ix)、その射程を広げている。しかし、セクション I「シティズンシップは何を意味するのか」で注目したいのは、「私たちがすぐさま直面した困難は『シティズンシップ』という用語が、私たちの社会においてはあまりなじみのない観念であるということであった」(p. 3) と述べられており、シティズンシップについての共通認識がないことへのとまどいが率直に示されていることである。

報告書ではまず、シティズンシップに関する定義はどれも「普通選挙権に基づく政治共同体における法的な一員であること、そしてまた法の支配に基づく市民的共同体 (civil community) の一員であること」という意味が含まれていることを確認し、その上で T. H. マーシャルの定義、枠組み、アプローチを議論の出発点とすることが提案されている (p. 4)。ただし、マーシャルの定義においては「市民であることは『共同体の一員であること』を含む。しかし同時に共同体の一員であることに伴うもの〔= 権利や義務の内実〕を定める『普遍的な原理』は存在しない」(p. 11、〔 〕内引用者) と述べられていた。このとき報告書が参照枠としたのは「国民共同体 (national community)」であった。「法的に定められた国民共同体は、もっとも容易に認識される社会である。そこにはシティズンシップの権利と義務が存在する」(pp. 11-12.) と述べられている。

ここで重要なのは、成員が帰属する共同体は国民共同体 (国民社会) である

場合に「もっとも容易に認識される」とし、法的に定められた枠組みはネイションという枠組みと一致し、さらにそれに基づいて権利と義務が付与されるという、いわゆる国民国家を前提とするシティズンシップのあり方が一つの理想として示されていることである。ただし実際には、コモンウェルス諸国との歴史的なつながりを背景として、権利主体や国籍保持者の範囲は連合王国という枠組みと一致するものではなかった。そのため、報告書においては「国民共同体」について言及しながらも、重層的な共同体への帰属という認識が示されることになる。

(5)「残余」としての権利

報告書では、権利が成文化されていないことが問題視されている。「シティズンシップの議論においてしばしば用いられる用語については頻繁に論争になる」ことから、「権利、義務、責務についてその意味を明らかにしておく必要がある」という。このうち権利については、「一連の権利 (entitlement) であること」、「必然的に個人のものであること」、「残余の権利 (residual entitlement) であること」、「社会的権利を含むこと」について説明されている (pp. 6-7.)。このうち、2番目の「残余の権利であること」については、次のように述べられている。

> 「連合王国においては、他の国々の憲法にみられるような国民 (citizens) の権利についての包括的な言明について容易に理解できるものは存在しない。連合王国における統治の基礎は、議会が至高の権威であり、その立法の効力は連合王国の裁判所においても異議申し立てはできないというものである。その結果、個人の自由は残余である。すなわち、議会が立法化によって制限するまでそれら〔=自由〕が存在するということ、その後の議会の立法化に対して脆弱なものであるということである。」(p. 7、〔 〕内引用者)

連合王国においては国民の権利に関する包括的な一覧表は存在せず、権利

は「残余」として存在しているということに着目したい。それは義務についても同様であった。権利と義務に関する具体的な内容が明示されていない状況は、シティズンシップを阻害する要因とみなされていた。「国民（citizens）が自身の権利や義務、公的機関の責務について理解しているのかどうか」は、言い換えれば、「私たちの民主主義を支える原則について共有された理解が存在するかどうか」ということにつながるとされたためである（p. 11）。

(6) 重層的な共同体への帰属

　セクションⅡ「シティズンシップを阻むもの」では、「法的な混乱」という見出しで「シティズンシップは政治体の一員としての個人の特性である」としながらも、「連合王国における個人の法的な地位は複雑である」ことが示されている。1981年国籍法においてはブリテン国民（British citizen）に関する規定がみられる一方で、「国民ではない者（non-citizens）も投票などの、一般的には個人と国家の公的な関係の重要な側面とみなされることについても〔その権利を〕行使することができる。それは連合王国のシティズンシップ〔＝国籍〕を有するかどうかに依存しない」と述べられている（p. 16、〔　〕内引用者）。

　このような状況について、報告書では「連合王国における政治共同体の成員資格及びこれに関連する権利と責任をめぐる議論は錯綜した状況にある」とし、問題を抱えているという認識が示されることになった。先の委員長の問題提起にもあったように、「誰が政治共同体の成員であり、誰がそうではないのかをめぐる混乱は、市民的権利や社会的権利へのアクセスにかかわる問題を生みだす」からである（p. 17）。このように報告書においては、人びとの社会参加や政治参加を阻害するという理由から、連合王国における成員資格の複雑さと成員資格に付随すべき権利や義務をめぐる混乱状況をそのままにしておくべきではないという結論に至ることになる。

　連合王国における政治共同体の境界を明確化することができないという認識のもとで、ナショナルな枠組みにとらわれない重層的に存在する共同体の構想が導かれることになる。報告書においては「ブリテン国民（A British citizen）は、法的に定義された国民共同体（national community）の一員であるとい

うこと」であり、「市民的、政治的、社会的権利と義務を、その地位に付随するものとして享受すべきである」としながらも、「これらの権利は、例えば、欧州共同体といったより広範にわたる集団において国民であることの結果として、国境を越えて存在している。加えて、戦後に確立された国際法に基づく世界共同体の一員であるとも言えるだろう」と述べられている (p. 12、傍点引用者)。

　このように、「連合王国における多くの諸個人は〔…略…〕、一つ以上の法的に規定された共同体において積極的な役割を果たしている」として、国民共同体—欧州—国際社会という重層的な共同体が設定されることになる。

第5節　『カリキュラムガイダンス』への反映

(1) 刊行までの経緯

　1990年9月に報告書が公表された後、同年11月に教育課程審議会 (NCC) は、シティズンシップ教育をカリキュラムに組み込む際の指針となる『カリキュラムガイダンス8：シティズンシップ教育』(NCC 1990b、以下、ガイダンス) を刊行した。NCCの設置からガイダンス刊行までの経緯をまとめたものが**表2-2**である。

　シティズンシップ委員会報告書の公表後、2か月余りでガイダンスが刊行されたことからもわかるように、報告書とガイダンスの作成は同時並行で進められていた。NCCがシティズンシップ教育を教科横断型テーマの一つとして加えることを通知したのは、1989年11月の通達6「共通カリキュラム及び全体カリキュラムの計画」においてである (NCC 1990b: Foreword)。シティズンシップ教育が教科横断型テーマとして設定された背景には、シティズンシップ委員会の設置があることが指摘されている (Beck 1996: 350)。両組織の具体的なつながりは、NCCにシティズンシップ小委員会が設置された際、シティズンシップ委員会の副委員長が小委員会の委員に任命されたことにある[22]。NCCはシティズンシップ委員会との関係を保ちながら、シティズンシップ教育のガイダンスの刊行に向けて動いてきた。

82

表 2-2　カリキュラムガイダンス刊行までの経緯

年　　月	事　　項
1988 年	
7 月	・1988 年教育改革法の成立 ・教育課程審議会 (NCC) の設置
12 月	・シティズンシップ委員会 (Commission on Citizenship) の設置
1989 年	
4 月	・教育課程審議会『教科横断的課題に関する中間報告 (*Interim Report on Cross-curricular Issues*)』
9 月	・共通カリキュラムの順次導入
11 月	・教育課程審議会通達 6「共通カリキュラム及び全体カリキュラムの計画 (*Circular Number 6: The National Curriculum and Whole Curriculum Planning*)」
1990 年	
3 月	・教育課程審議会『カリキュラムガイダンス 3: 全体カリキュラム (*Curriculum guidance 3: The Whole Curriculum*)』の刊行 ・シティズンシップ委員会から教育課程審議会へ、学校におけるシティズンシップ教育について勧告
9 月	・シティズンシップ委員会報告書『シティズンシップの促進』の公表
11 月	・教育課程審議会『カリキュラムガイダンス 8: シティズンシップ教育』の刊行

出典：筆者作成。

(2)『カリキュラムガイダンス』(1990 年) への反映

　1990 年 11 月に刊行された『カリキュラムガイダンス 8: シティズンシップ教育』には、シティズンシップ教育の枠組み (目的)、目標 (知識、教科横断的スキル、態度、道徳律と価値)、内容 (必須の構成要素)、活動・機会・経験が示されている (以下、括弧内はガイダンスの引用頁を示す)[23]。シティズンシップ教育は「民主的な社会において探究し、十分な情報を得た上で意思決定し、そして責任と権利を行使するために必要な知識、スキル、態度を発達させる」ものとして定義されている。シティズンシップ教育の目的は「積極的で参加的なシティズンシップの重要性を確立し、参加へと動機づけること」と、「シティズンシップのためのスキル、価値、態度の発達の基礎とな

る必須の情報を児童生徒が獲得し、理解することを助けること」にあるとされる (p. 2)。

　ガイダンスにおいては、シティズンシップの定義をめぐる混乱については触れられていないが、報告書のスタンスは引き継がれている。まず、重層的な共同体に帰属しているという認識が示されている点である。知識に関する目標は、「共同体の性質」、「民主的な社会における役割と関係性」、「義務、責任、権利の性質とその基盤」の 3 つのカテゴリに分けられている。このうち「共同体の性質」では、「人びとが同時に (simultaneously) 帰属している共同体の多様性：家族、学校、地域社会、ネイション、欧州、世界」について示されている (p. 3、傍点引用者)。共同体の同心円状の広がりが想定されつつも、同時に帰属していると述べられている点が重要である。

　次に、国際的な枠組みを参照するという点である。内容に含まれる基本的な構成要素は 8 つ示されているが [24]、そのうち「市民であること (Being a citizen)」では「義務、責任、権利についての学習が、この構成要素の中心となる。権利には、市民的権利、政治的権利、社会的権利、人権が含まれる。これらは、性差別や人種差別などのあらゆる形態の不正、不平等、差別によってどのように侵害される可能性があるのか」と述べられている。さらに、学習領域として「人権に関する主要な条約、世界人権宣言 (1948 年)、欧州人権条約 (1950 年)、子どもの権利条約 (1989 年)」が例示されている (pp. 6-7.)。また、「市民と法律 (The citizen and the law)」では、「シティズンシップの義務、責任、権利は、国内法及び国際法の枠組みによって定義される。それらは、思想・信条・表現の自由、結社の自由、人種や性別に基づく差別からの自由、公正な裁判を受ける権利、適正手続きの権利といった基本的人権を含んでいる」(p. 8、傍点引用者) とされている。このように国内的な文脈のみならず、国際的な法的枠組みが参照されている。

第6節　小　括

　本章では、第1期カリキュラム改革のシティズンシップ教育政策をめぐる議論に焦点をあて、国民意識の形成との関連においてどのような論点が提起されたのかを跡づけてきた。

　以上の検討結果をまとめると、まず、シティズンシップ委員会の審議経過においては、行動的シティズンシップの定義について検討する際、権利や国籍といったシティズンシップの法的側面にも射程を広げた検討がなされた。それは、社会参加や政治参加の前提となる権利の明確化を意図したものであった。一方で、法的側面の検討を通じてコモンウェルス諸国とのつながりという歴史に直面することになる。国籍保持者はコモンウェルス諸国の構成員にまで拡大しており、政治的権利の主体は連合王国に居住するコモンウェルス市民にまで広がっていた。人びとの社会参加や政治参加の基盤となるべき権利の内実の探究は、同時に、権利を行使する主体をめぐる問いへとつながっていった。

　次に、審議を経て公表された委員会報告書においては、資質に着目した「行動的シティズンシップの定義」だけではなく、権利の側面を含む「シティズンシップの定義」について言及され、その複雑さが問題視されることとなった。報告書においては政治共同体の範囲を明確化することができないことについて、混乱状態にあるという否定的な認識に至った。その一方で、国民共同体—欧州—国際社会という重層的な共同体に属する諸個人という枠組みが導かれた。このような報告書のスタンスは、教育課程審議会が刊行した『カリキュラムガイダンス』にも引き継がれている。ガイダンスにおいては国際的な法的枠組みを視野に入れ、重層的な共同体を前提としたシティズンシップ教育が構想されていた。

　以上の分析から、共通カリキュラム導入期のシティズンシップ教育が国民意識の形成と結びつかなかった背景には、シティズンシップを連合王国という枠組みで定義することはできない、という認識が存在していたことを指摘できる。連合王国のシティズンシップを支える原則は、人権という国際社会

で合意された原則に見出された。つまり、「市民的原則や価値を支える共通の核」は、ナショナルな枠組みのみを前提とするものではないと考えられたのである。その背後には、コモンウェルス諸国との歴史的なつながりが存在していた。しかし、報告書においてはコモンウェルス諸国の構成員まで含みこむ政治共同体のあり方について否定的な認識が示されることとなった。このことを踏まえると、シティズンシップ教育のガイドラインにおいて国際社会の法的枠組みを重視する視点は積極的に採用されたというよりも、ナショナルな枠組みに基づく定義が不可能であったために消極的に選択されたとみることもできるかもしれない。

　現在、シティズンシップを鍵概念とする議論において問われているのは、国民国家を前提とするシティズンシップのあり方である。このとき「国民」は、国籍とそれに付随する権利及び義務を有し、当該国家やネイションへの帰属意識（ナショナルアイデンティティ）をもつことが期待されている。しかし、当時においては権利主体と国籍保持者の範囲が連合王国という枠組みにはとどまらず、また権利主体と国籍保持者が一致していたわけでもなかった。このような共通カリキュラム導入期に直面することになったシティズンシップの定義をめぐる諸問題は、報告書の公表以降、1990年代から2000年代にかけて積極的に解消が図られていくことになる。つまり、「国籍保持者＝権利主体＝ネイションへの帰属意識」という等式の成立が目指されるようになる。2000年代半ばにシティズンシップ教育を通じて共有されるべき価値がナショナルアイデンティティと結びつけられるようになる背景には、法的側面の整合性が図られたことがその理由の一つとして考えられる。次章以降では、この点について検討していく。

注

1　保守党政権が主導した第1期カリキュラム改革を分析対象とした日本語の先行研究は少ない。保守党政権と労働党政権におけるシティズンシップ教育政策を比較した研究（木原 2001）や、シティズンシップ教育と人格及び社会性の発達のための教育（PSE/ PSHE）との連携に着目した研究（柴沼・新井 2001; 武藤・新井

2007) がみられる。しかし、第 1 期のシティズンシップ教育政策を中心的に扱った研究、あるいはシティズンシップ委員会の報告書『シティズンシップの促進』（後述）を分析対象とした研究は管見の限り見当たらない。

2 　デリコットは、教科横断型テーマのとして提示された「シティズンシップ教育」について次の 4 つの課題を指摘している。それは、①教員が教えたことのない領域を含んでいること、②共通カリキュラムの教科が評価の対象になる一方で、教科横断型テーマは評価の対象にならないため、児童生徒、保護者、教員に重視されなかったこと、③これまでほとんど実践がなかった初等学校においても、シティズンシップ教育を実施することを要求していること、④「行動的 (active)」、「参加的 (participative)」という言葉を用いながらも、提示されている参加の形態が教室や学校に限られているなど、その意味と実行可能性に混乱がみられることである (Derricott 1998: 27-28)。

3 　議事録及び配布資料はロンドン・スクール・オブ・エコノミクス附属図書館に所蔵されており、2013 年 1 月 28 日～30 日及び 6 月 10 日の 2 回にわたって写真撮影による画像データ (1010 枚) として収集した。

4 　共通カリキュラムの導入は、当時のケネス・ベーカー教育科学大臣の提案による。サッチャーは教育水準低下を解決する方法の一つとして、この提案に合意したという (大田 2010: 48-62)。

5 　なお、共通カリキュラムと共通テストは「行動目標モデル (behavioural-objectives model)」を基礎として構成されている (矢澤 2008)。

6 　教育課程審議会は共通カリキュラムの内容の検討を行う機関である。1988 年教育改革法により設置された (篠原 2000: 105)。

7 　與田が挙げているのは、「経済・情報のグローバル化、スコットランドとウェールズにおけるナショナリズムの高揚、有色移民の増加による人種構成の変容と社会的な軋轢の頻発、通貨統合に代表されるヨーロッパ統合の深化、同じ多民族国家であるソヴィエト連邦、ユーゴスラビア、チェコスロバキアの解体など」である (與田 2001: 56)。

8 　史実の暗記とイギリス政治史に偏った従来の歴史教育に対するアンチ・テーゼとして 1970 年代に登場した歴史教育の潮流を指す (與田 2001: 49)。

9 　保守党の議員。1983 年～1992 年まで下院議長を務めた。サッチャーの権威主義に抵抗した穏健派と評されている ('Lord Weatherill: Moderate Tory MP who became a great Commons Speaker, renowned for resisting Thatcher's authoritarianism', *The Guardian*, 8 May 2007)。

10 　当時の肩書はブリテン鉄道年金受託会社 (British Rail Pension Trustee Company) の最高経営責任者。1973 年～1986 年までは公務員としてグレーター・ロンド

ン・カウンシル（Greater London Council: GLC）の事務局長を務めた。財務管理の専門家として、労働党の下での支出抑制と保守党の下での公共サービスの維持に努めた（'Maurice Stonefrost: GLC director-general who used his ingenuity to outflank Thatcher', *The Guardian*, 5 November 2008.）。

11　前職は内ロンドン教育当局（Inner London Education Authority: ILEA）のリーダー（1983 年 ~1987 年）。1981 年にグレーター・ロンドン・カウンシルの議員に選出されている。当時は労働党に所属していた。（'Frances Morrell: Politician and activist who worked with Tony Benn and led the Inner London Education Authority', *The Independent*, 19 January 2010.）。

12　第 1 回シティズンシップ委員会（1989 年 1 月 19 日）配布資料「目的と目標（Aims and Objectives）」

13　第 1 回シティズンシップ委員会（1989 年 1 月 19 日）配布資料「シティズンシップ委員会委員長モリス・ストーンフロストの声明（Statement by Maurice Stonefrost Chair of the Commission of Citizenship）」（1988 年 11 月 21 日付）

14　第 1 回シティズンシップ委員会（1989 年 1 月 19 日）配布資料「背景説明資料（Background Paper）」

15　第 2 回シティズンシップ委員会（1989 年 6 月 28 日）議事次第

16　トマス・マーシャル（Marshall, Thomas H.）はブリテンの社会学者であり、近代のシティズンシップについて考察した人物である。序章第 3 節でも示したように、マーシャルはシティズンシップを次のように定義した。「シティズンシップとは、ある共同社会の完全な成員である人びとに与えられた地位身分である。この地位身分を持っているすべての人びとは、その地位身分に付与された権利と義務において平等である」（Marshall & Bottomore 1992: 18=1993: 37）。また、その権利を①市民的権利、②社会的権利、③政治的権利の 3 つに区別し、歴史的発展の中でとらえた（宮島 2008: 522-523）。

17　第 2 回シティズンシップ委員会（1989 年 6 月 28 日）議事要旨

18　第 3 回シティズンシップ委員会（1989 年 10 月 20 日）議事次第

19　第 3 回シティズンシップ委員会（1989 年 10 月 20 日）議事要旨

20　第 5 回シティズンシップ委員会（1990 年 2 月 27 日）配布資料「法的課題：いくつかの側面（Legal Issues: Some Aspects）」、引用の〔 〕内は筆者による。

21　第 7 回シティズンシップ委員会（1990 年 7 月 18 日）配布資料「重要な課題（Issues of Substance）」（1990 年 7 月 12 日付）

22　作業部会資料「作業プログラム（Work Program）」（1989 年 6 月 23 日付）

23　ガイダンスの抄訳は、資料編（pp. 183-187.）を参照のこと。

24　8 つの基本的な構成要素は、「共同体」、「多元的な社会」、「市民であること」、「家

族」、「活発な民主主義」、「市民と法律」、「仕事、雇用、余暇」、「公共サービス」である。最初の3つは幅広い領域を含むものであり、残りの5つは現在から将来にわたる子どもの生活においてシティズンシップに関する具体的、日常的な文脈を探究するものとして提示されている（NCC 1990b: 5）。

第3章　シティズンシップの明確化と人権との差異化
——第2期カリキュラム改革

　本章では、1990年代後半に始まる第2期カリキュラム改革を取り上げる。第1期カリキュラム改革において提示された論点である、①シティズンシップと人権との関連に加え、②シティズンシップ教育とナショナルアイデンティティとの関連に着目して分析を行う。

　第2期には1997年に労働党政権が発足し、シティズンシップ教育の必修化に向けての議論が開始されることになる。このとき、ディビッド・ブランケット教育雇用大臣(当時)の主導のもとで、バーナード・クリックが議長を務める助言グループが検討を行った。助言グループの報告書を受けて、1999年には共通カリキュラム「シティズンシップ」が公表された。その後、2002年から中等教育段階(Key Stage 3-4)において「シティズンシップ」は必修化されることになる。

　必修化に向けての取り組みがなされた理由は、当時の労働党政権において若者の政治的無関心がますます問題視されるようになったということが背景にある(QCA 1998: 7-8, 14-16; Kerr 1999b: 277)。クリックは、シティズンシップ教育の必修化が求められた理由として次の3点を挙げている。それは、①参加的・持続的で真に民主的な社会の創造を目的の一つとする憲法改革(constitutional reform)[1]が成功を収めるため、②若者の間で蔓延している社会の公共的問題に関心をもたないという態度に働きかけるため、③民主主義における法律上の国民(legal citizens)が、その働きを知ることによって自らを国王の臣民(subjects of the Crown)ではなく、健全で行動的な市民(good and active citizens)であると認識できるようにするためである(Crick 2000: 117=2011:

165)。オスラーらは、この時期の重要な社会変化として欧州人権条約に対応した 1998 年人権法 (Human Rights Act 1998) の成立[2]やスコットランド、ウェールズへの権限移譲[3]を挙げている (Oslar & Starksy 2006)。両者は、シティズンシップと人権との関連、そしてナショナルアイデンティティに関する議論にかかわるものである。

　先行研究においては、労働党政権のもとで行われた第 2 期カリキュラム改革については先の保守党政権下の取り組みとの比較において肯定的に捉えられることが多い。その理由は、保守党政権において推進された新自由主義的な「行動的な市民」とは異なる政治思想や理念が背景にあるとされたためである。つまり、同じ「行動的な市民」という語を用いているとしても、その意味内容が異なっているということである。保守党政権下の取り組みとの相違については、助言グループの報告書においても強調されている[4]。また、その理論的基盤となったバーナード・クリックの政治思想に着目した分析も行われてきた[5]。一方で、シティズンシップ教育が必修化され、査察や評価の対象となることで、学校レベルでの取り組みにも改善がみられたと報告されている[6]。

　本章では、労働党政権下のシティズンシップ教育の第 2 期カリキュラム改革について、中核となる価値の位置づけに焦点をあてながら、国民意識の形成にかかわる論点を検討する。とくに、シティズンシップと人権との関連がどのように認識されたのか、またナショナルアイデンティティがどのように捉えられていたのかに着目する。この分析を通じて、第 2 期においては中核となる価値が明示されなかったことを指摘する。その際、シティズンシップ教育の必修化に関する勧告を行った報告書、共通カリキュラム「シティズンシップ」及びシティズンシップの単元構成例を主たる分析対象とする。この時期はシティズンシップ教育を通じた国民意識の形成について、臣民から市民への転換が目指されていたといえる。

　本章の構成は以下の通りである。第一に、1998 年人権法の成立によって欧州人権条約が国内法化され、権利の明確化という課題が克服された経緯を整理する (第 1 節)。第二に、シティズンシップ教育の必修化をめぐる審議経

過にみる論点を跡づける（第2節）。第三に、助言グループの報告書にみるシティズンシップの定義を整理し、人権法の成立という動向が重視されなかった理由を検討する（第3節）。第四に、共通カリキュラム「シティズンシップ」及びシティズンシップの単元構成例において報告書のスタンスがどのように反映されているのかを示す（第4節）。小括として、第2期カリキュラム改革にみるシティズンシップ教育を通じた国民意識の形成をめぐる論点について整理する（第5節）。

第1節　権利の明確化と国籍との関連の模索
第2節　シティズンシップ教育の必修化をめぐる審議経過にみる論点
第3節　『クリック報告』にみるシティズンシップの定義
第4節　共通カリキュラム「シティズンシップ」及び単元構成例への反映
第5節　小括

第1節　権利の明確化と国籍との関連の模索

　第1期カリキュラム改革において提出されたシティズンシップ委員会の報告書『シティズンシップの促進』（Commission on Citizenship 1990）においては、シティズンシップ教育の推進にあたって人びとが容易に理解できる権利及び義務の一覧が存在しないことが問題視された。この権利の明確化という課題は、1990年代後半に大きな進展をみせることになる。その帰結が、欧州人権条約（European Convention on Human Rights: ECHR、1953年発効）の国内法化による1998年人権法の成立である。

　第1期カリキュラム改革においてシティズンシップ教育が教科横断型テーマに位置づけられた後、権利及び義務の明確化という課題について継続的な研究が行われた。それは、シティズンシップ研究所[7]とブリテン国際法・比較法研究所[8]が共同で行った研究である。研究の成果は1994年に緑書『シティズンシップの特徴』（Institute for Citizenship Studies & British Institute of International and Comparative Law 1994）、1997年に白書『シティズンシップ』（Institute for Citizenship Studies & British Institute of International and Comparative Law 1997）として発表されて

92

いる[9]。

　以下では、これら2つの報告書を手がかりとして、権利及び義務の明確化という課題の検討にあたってどのような論点が提起されたのかを整理する。これらの研究において問われたのは、権利の具体的な内容は何か、そしてそれらの権利がどの程度国籍に付随するものであるのかということであった。

(1) 緑書『シティズンシップの特徴』(1994年)

　シティズンシップ研究所とブリテン国際法・比較法研究所の報告書『シティズンシップの特徴：緑書』(以下、緑書)は1994年に公表された。緑書は3つのパートで構成されている。それぞれのタイトルは「第1部：定義」、「第2部：比較」、「第3部：議論」である(以下、括弧内は緑書の引用頁を示す)。第1部は、比較研究によって導かれたシティズンシップの定義とシティズンシップの境界(boundaries)の問題について検討されている。第2部は、欧州各国のシティズンシップの比較が表としてまとめられている。第3部は、シティズンシップの特徴(Hallmark)によって導かれるシティズンシップの定義の適切さと範囲についての議論がなされている(pp. vii-viii.)。

　緑書の背景については、「本研究の出発点となったのは、連合王国におけるシティズンシップの法的側面に関する明確な言明の欠如である」(p. vii)と述べられている[10]。また、当時は欧州連合市民権が創設された時期にもあたる。緑書では、「1992年2月9日に署名された欧州連合条約(TEU)によって創出された〔欧州〕連合のシティズンシップ(Citizenship of the Union)、あるいは欧州市民権(European Citizenship)の意味と範囲の探究と関連している」(p. vii、〔　〕内引用者)とされている。

　また、緑書の目的については次のように述べられている。「緑書の目的は、議論を活性化させることと、それによって政策の形成を支援することである。4つの重要なテーマが提起されることになる。第1に、新しい欧州の政治的力として、また、20世紀の終わりにおける社会的結束の一つの要素としての法的概念としてのシティズンシップの重要性である。第2に、緑書ではシティズンシップに付随する責任の多様なあり方を強調する。これらの責任は

国民 (citizen) と、国民による政府に課されるものである〔…略…〕。第 3 のテーマは第 2 のテーマを反映している。シティズンシップは法のみに関する事柄ではなく、また『権利の話題 (rights talk)』にのみ基づいて分析されるべきものでもない〔…略…〕。最後に、比較研究によって明らかとなったシティズンシップのもっとも明確な法的特徴は、イングランド法の使いにくさや複雑さであり、政策や望ましい原則を明確に言明するメディアとして法を用いる機会を逃しているということである」(pp. viii-ix.)。

　注目すべきは、「シティズンシップの特徴として認識された権利の享受は、どの程度当該国の国民 (being a national) であることに依存しているのかということ」についても検討されていることである (p. vii)。つまり、すべての人びとに保障される権利だけではなく、特定の政治共同体の一員であることに付随する権利について検討されているといえる。

　緑書の「第 1 部 : 定義」においては、シティズンシップの内容について検討するための 3 つのアプローチについて述べられている。まず、①自由な市場に基づく資本主義の隆盛への埋め合わせとしてのシティズンシップである。ここではマーシャルの議論が参照され、「シティズンシップは地位の平等をもたらしてきた」こと、そして「社会的権利 (Social citizenship rights) は、階級の不平等に強大な影響をもたらした」とされている。社会的権利は階級的不平等それ自体を取り除くことはできないが、社会的不平等を緩和すると述べられている (p. 19)。

　次に、②参加としてのシティズンシップである。その他の論者にとっては、階級の分析は非常に限定されたシティズンシップの捉え方であるとみなされている。そうではなく、シティズンシップは「共同体への参加、あるいは共同体の一員であること」、もしくは、「社会的成員資格と社会全体への参加」とみなされるべきであるとしている。シティズンシップのこの観念は、共同体や社会への参加と本質的に結びつくものである。この観点からみたときのシティズンシップの発展は、排除から包摂への動きとみられている (p. 20)。

　最後に、③境界設定のためのメカニズムとしてのシティズンシップである。ここではブルーベイカーを引用しながら、グローバル及びナショナルなレベ

ルにおいて、「シティズンシップは社会的閉鎖の強力な道具である」と述べられている。グローバルなレベルでは、「裕福な国家を貧しい移民から護り」、ナショナルなレベルでは、「私たち」を「彼ら」から区別することになる。しかし、境界の設定の方法は、各国によって異なっているという (pp. 20-21.)。

このようにシティズンシップの概念は複雑であり、論争的なものであるとしながら、「シティズンシップの法的適切さを確立しようとする試みにおいて、緑書ではシティズンシップの理念の幅広いアプローチを採用する」と述べている。つまり、特定の意味のみに限定するのではなく、いくつかの可能な用法を取り入れるということである。さらに、シティズンシップの特徴を特定することの難しさは、多様な用法が可能な点にとどまらず、「少なくとも第二次大戦以降、ナショナルな文脈が欧州における2つの主要な発展によって挑戦を受けている」ことから生じているという。一つは、国際的、とりわけ欧州における人権への関心の高まりであり、欧州人権条約がとくに重要であるとする。もう一つは、欧州共同体の発展である (p. 21)。

ここで論点となるのは、シティズンシップと人権との関連であり、またナショナルなシティズンシップの妥当性である。シティズンシップの特徴を検討する際には、国籍に付随する権利 (nationality-citizenship) かどうかが検討されることになる。

　「シティズンシップの特徴の一覧にどの権利や責務 (obligations) が含まれるべきかを選択することは容易ではなく、緑書においてはどのように一覧を作成するのかが議論された。18のシティズンシップの特徴の設定[11] は不可侵のものではない。この緑書の目的の一つは、この一覧には含まれていないものを加えるべきかどうかについての議論を促すことである。18の特徴は6つのグループに分けられる。それは民主的な権利及び責務に関するもの、職場に関するもの、国家による福祉に関するもの、移動に関するもの、義務 (duties) に関するもの、法的救済に関するものである。シティズンシップ〔= 国籍〕の取得と喪失はこの研究の範囲外である。」(p. 23、〔 〕内引用者)

シティズンシップの特徴は、次のようにまとめられている。まず、いくつかの権利については、欧州人権条約により定められているため、国籍と結びついていないということ。第2の特徴としては、いくつかの国では国籍と結びついている権利があるということ。第3の特徴としては、国政及び地方選挙権と被選挙権は国籍と緊密に結びついていることが多いということである。また、入国と居住の権利及びパスポートをもつ権利、公共サービスへのアクセスについては、国籍を有する国民 (nationality-citizens) が完全に享受しているという (p. 24)。

　最終的には、イングランドとウェールズにおいて「国籍に付随する権利 (nationality-citizenship) は存在するが、しかし、本質的ではない」と述べられている (p. 25)。数少ない特徴と関連して国籍に付随する権利は重要であるとされており、移動の自由、居住と入国の権利、パスポートをもつ権利、忠誠の義務などが含まれるという。これらの権利及び義務は移民と関連があるものである。つまり、国民国家に入国する際に法的重要性を増すが、いったん入国すれば法的重要性はなくなることになる。

　このように、国籍と権利についてはその関連がみられるものの、実際にはそれほど重視されていないということが指摘されている。「比較によって明らかになるように、欧州連合の加盟国の多くにおいて、シティズンシップの特徴に関連する権利の享受は、国籍 (nationality) に依存しない。一つの明白な例は、普遍的な基礎づけによってすべての人に与えられる人権の保護と享受である。一方の極では、欧州連合条約 (TEU) の実施は、地方選挙の投票権にまで拡大し、国民でない者にも欧州議会や、通常、国民 (citizens) のみが享受できるとみなされている権利の拡大がみられる」のである (p. vii)。

　まとめると、緑書では1992年の欧州連合条約の成立という出来事を受けて、他の欧州諸国におけるシティズンシップについて比較という手法を用いて分析が行われた。注目すべきは、連合王国におけるシティズンシップの不明確さと他の欧州諸国のシティズンシップの明確さという対比がなされていることである。さらに、権利と国籍とのかかわりについて検討がなされ、「国

民」(national あるいは citizen) である者のみが享受できる権利を模索しようとする方向性がみられた。

(2) 白書『シティズンシップ』(1997 年)

　緑書の提出後、『シティズンシップ：白書』(以下、白書) が 1997 年に公表された。白書は 3 つのパートで構成されている。それぞれのタイトルは「第 1 部：シティズンシップの特徴」、「第 2 部：議論」、「第 3 部：比較」である (以下、括弧内は白書の引用頁を示す)。

　第 1 部においては、白書の目的について以下のように述べられている。「白書の第 1 部の主たる目的は、イングランドとウェールズの法においてシティズンシップの特徴として認識された、ブリテン国民 (British citizens) の法的権利と義務の言明 (statement) を用意することである。この言明は記述的であることを意図しており、どのような権利と義務がブリテン国民に付随すべきかに関する見解を示すものではない。しかしながら、提起された分類において、特徴の選択自体はある程度、規範的である」(p. 3、傍点引用者) という。続けて、「シティズンシップの特徴は、シティズンシップ研究所の法務委員会において、いくつかの国内的及び国際的資料の分析によって定式化された。また、その特徴はシティズンシップの権利と義務についての理にかなった典型例となることを意図した。これらの特徴は比較研究の基礎として用いられ、結果は緑書として公表されている。これらの特徴的な権利と義務が、いくつかの司法の圏域を考慮した上で、どの程度、国民 (citizen or national) としての地位に基づいて付与されるのか (緑書では、国籍に付随する権利 (nationality-citizenship) という用語が用いられている) を調査しようとした」という (p. 3)。加えて、「白書の第 2 の目的は、国民 (citizen (or national)) としての地位に特徴的な権利の享受や義務があるのかを示すことである」と述べられている (pp. 3-4.)。

　また白書では、「近代法におけるブリテン国民の権利と義務について述べるためには、近代ブリテンのシティズンシップに関する法の歴史的発展の重要性についての議論を欠くことはできない。さらに、白書はブリテンのシティズンシップの定義を模索するものではないが、ここで用いる用語の

いくつかの定義を示すのは有益であろう」と述べ (p. 4)、その困難さにも留意
しつつ、次のような定義を示している。「『国民 (citizen)』や『シティズンシッ
プ』といった用語を定義する試みの困難さは、〔シティズンシップ〕委員会の
報告書や緑書の議論をみれば明らかである。これらを再度参照しても有益で
はないであろう。それゆえに現在の目的に照らし合わせて、それらの報告書
において用いられたシティズンシップの定義をここでも用いる。『シティズ
ンシップ』は、『共同体の十全なメンバーに与えられる地位』であり、『政治
共同体の一員としての個人に結びついた一連の権利と義務の総体』である」
(p. 6、〔 〕内引用者)。さらに、「シティズンシップ〔＝国籍〕の取得と喪失は議
論に含まないため、1981 年ブリテン国籍法にみられる『ブリテン国民』の法
的定義を採用する。その付与は複雑であるが、連合王国における出生、ブリ
テン国民からの出生、登録、もしくは帰化との関連において定義される」と
いう (p. 6、〔 〕内引用者)。加えて、「同様に問題が多いのは、『権利』や『義務』
といった用語の定義である。それは、『能力 (capacity)』、『資格 (eligibility)』、『権
利 (entitlement)』、『自由 (freedom)』、『解放 (liberty)』、『特権 (privilege)』といった
用語と緩やかに結びついてきた」という (p. 7)。

このように白書においても引き続き、ブリテン国民が享受する権利と義務
に関する検討が行われていることがわかる。ここでは、人権とシティズンシッ
プは同一のものとはみなされていないことに注目したい。つまり、採用され
ているシティズンシップの定義にもみられるように、それは政治共同体を前
提としたものであり、その共同体の一員であることに結びついたものとして
の権利や義務が想定されている。白書では注意深く規範的な言明を避けてい
るが、このようなシティズンシップの定義において暗黙の前提とされている
のは、権利や義務は政治共同体の地位に付随するということである。

白書においては次のような結論が導かれることになる。「イングランドと
ウェールズにおけるブリテン国民 (citizens) の法的権利と義務に関する法は、
量にして膨大であり、内容にして複雑であり、そしてしばしば不明確である
ということが明らかである」と述べ、これ自体が重大な結論であるとする (p.
182)。

このように緑書及び白書を通じて、国民の権利及び義務を明確化するという目的にそった研究がなされた。このとき2つの報告書にみられる共通のスタンスは、シティズンシップと人権とを差異化するというアプローチである。このアプローチは、「ブリテン国民」という法的地位を重視し、それに付随する権利や義務を探究するというものである。最終的には、白書において18の権利及び義務が「シティズンシップの特徴」としてまとめられることになった[12]。

(3) 欧州人権条約の国内法化──1998年人権法の制定

白書公表の翌年には、1998年人権法が成立することになる（2000年10月施行）。1998年人権法を分析した江島は、「成文憲法および成文権利章典を有しないイギリスにとっては、条約の国内法化によって、抽象的な人権規定で構成される権利章典を初めて持つことになる」（江島2002: 227）と指摘している。

1998年人権法は、欧州人権条約（ECHR）を国内法化したものである。欧州人権条約は1953年に発効したが、連合王国はすでに1951年に批准していた。批准当時に国内法化されなかった理由については、「条約が保障する人権はすでにイギリス国内法においては実現されており、むしろイギリスが享受している自由を他のヨーロッパ諸国にも享受させるという発想でこの条約は起草された」（江島2002: 190-191）ためであるとされている。また、「二大政党はいずれも権利章典には非常に消極的または警戒的であったからである。〔…略…〕労働党も、元来、党としては、権利章典のような一般的・抽象的権利規定の導入に関して賛成ではなかったし、まして、それを司法部の手に委ねることには非常に警戒的であった」（江島2002: 237）といわれている。労働党の姿勢が転換するのは、1992年総選挙を控えて党の方針を見直す際である。それが明確化するのは、1992年総選挙敗北後、党首となったジョン・スミス（Smith, John）の登場によってであるという（江島2002: 237）。

さらに、「そもそもイギリスのコモン・ローでは人権という概念は使われず、市民的自由という伝統的概念によっていわゆる自由権を保障してきた」（江島2002: 282）。そのため、「『人権』という発想自体が、イギリスではいまだなじ

みのないものであったといえる」(江島 2002: 233) と指摘している。

　1998 年人権法では「条約上の権利」(Convention Rights) と呼ばれる 16 の基本的権利を挙げている。それらは、①生命に対する権利 (The rights to life)、②拷問の禁止、③奴隷及び強制的労働の禁止、④身体の自由及び安全に対する権利、⑤公正な裁判を受ける権利、⑥刑法の不遡及、⑦私生活及び家族生活の尊重、⑧思想、良心及び宗教の自由、⑨表現の自由、⑩集会及び結社の自由、⑪婚姻の権利、⑫差別禁止の原則、⑬財産権、⑭教育に対する権利、⑮自由選挙の保障、⑯死刑の廃止である (江島 2002: 239-240; Home Office 2007: 93)。

　このように 1998 年人権法の成立によって権利の一覧が具体化されることとなった。このことは第 1 期カリキュラム改革において提起された課題が克服されたことを意味する。すなわち、1998 年人権法の成立までイングランドの法規定における権利は「残余」として規定されており、自身のもつ権利について理解することが困難な状況にあった。そこで、市民の参加を促すために権利及び義務に関する明確な規定が求められた。ただし、これらの権利はあくまで欧州人権条約の枠組みを国内に取り込んだものであり、「ブリテン国民 (British citizen) であることに付随する権利」とは言えないものである。権利の規定は、欧州の枠組みに基づいて人権を基礎として規定されたのであり、緑書や白書で探究されたシティズンシップと人権との差異化という点については主要な論点とならなかった。

　第 1 期カリキュラム改革の議論において人権が「ブリテン社会を支える原則」とみなされたことを踏まえると、1998 年人権法の成立はシティズンシップ教育の推進において非常に重要な意義をもつ出来事であると考えられる。しかしながら、シティズンシップ教育の第 2 期カリキュラム改革においては、それほど重要な位置づけが与えられることはなかった。

　以下の節では、シティズンシップ教育の必修化を勧告した報告書を手がかりとして、シティズンシップと人権との関連、そしてシティズンシップ教育とナショナルアイデンティティとの関連についてどのような論点が提起されたのかを跡づける。

第 2 節　シティズンシップ教育の必修化をめぐる審議経過にみる論点

(1) 労働党政権の発足と学校におけるシティズンシップ教育の推進

　1997 年 5 月に労働党政権が発足する。当時、労働党党首であったトニー・ブレア (Blair, Tony) は、教育を政策の最優先課題として掲げて総選挙に勝利したが、改革のスローガンは保守党と同様に教育水準の向上として、その重要施策のほとんどを引き継いでいることが指摘されている (篠原 2000: 90)。シティズンシップ教育への言及は、同年 11 月に提出された白書『学校における卓越性 (Excellence in Schools)』(DfEE 1997) においてなされている。そこでは、次のように述べられている。

　　「現代の民主主義社会は、そのすべての市民による見識をもった積極的な参加に依存している。学校においては、若者に民主主義、そして市民としての義務、責任、権利の特質について教えることによって、彼らが生活する社会やコミュニティに関わっていると感じるようにすることができる。これは、学校における人格・社会性教育 (personal and social education)[13] の幅広い実践の一部となり、児童生徒に個人としての強い責任感、そして他者への強い義務感を与えるようにする。〔教育雇用〕省は、学校におけるシティズンシップと民主主義の教育について議論する助言グループを設置する。〔…略…〕若者によるボランティアの時間とその取り組みは、彼らとコミュニティの双方に利益をもたらす。若者にボランティアの機会を拡大するために、私たちは全国や地域のボランティア組織、コミュニティ・グループと緊密に連携するだろう。」(DfEE 1997: 63)

　そして続けて、「学校におけるシティズンシップのプログラムには何を含むべきか」という問いを投げかけている[14]。

　白書の言及からは、政府が想定していたシティズンシップ教育に関するいくつかのキーワードが浮かび上がってくる。それは、「民主主義」、「コミュニティ」、「参加」、「ボランティア」である。特に、「コミュニティ」や「参加」

の強調については、ブレア政権は「保守党の政策姿勢と比べて、コミュニティや教育関係者の連携を強調している」(篠原 2000) という指摘とも合致している。

(2) 助言グループの設置と最終報告書提出までの経緯

当時、教育雇用大臣であったディビッド・ブランケットは、白書における提案にそって、「学校におけるシティズンシップと民主主義の教授を強化する」ことを明らかにし、「学校におけるシティズンシップと民主主義の教授に関する助言グループ (Advisory Group on Citizenship and the Teaching of Democracy in Schools)」(以下、助言グループ)を設置した[15]。助言グループの一員であったディビッド・カー (Kerr, David) は助言グループが設置された背景について、「さまざまな要因の複雑な相互関係がある」としながらも、「直接的には、新しく任命された教育雇用大臣〔= ブランケット〕が、この領域〔= シティズンシップ教育〕に関して長期にわたって個人的な関心をもっていた」(Kerr 1999b: 277、〔 〕内引用者) という点を指摘している。

助言グループはロンドン大学バークベック校の名誉教授であり、教育雇用大臣ディビッド・ブランケットの大学時代の指導教員でもあった (Kerr 1999b: 275) バーナード・クリックを議長として、22 人の委員で構成されていた。助言グループの委員には前保守党政権において教育科学大臣であったケネス・ベーカー (Baker, Kenneth) も含まれていた。カーは、「その〔助言〕グループは注意深く選ばれた、バランスの取れた委員」で構成されており、「新労働党政権の下で設置されたが、超党派となるよう慎重であった」といい、シティズンシップが効果的であるためには、「この超党派的なアプローチが極めて重要であった」と指摘している (Kerr 1999b: 276-277)。

助言グループへの諮問事項は、次の事柄であった。「学校における効果的なシティズンシップ教育について助言すること。民主主義における参加の特質と実践、市民 (citizens) としての個人の義務、責任及び権利、そして、コミュニティ活動が個人や社会にもたらす価値を含む」(QCA 1998: 4)。また、議論には次の事柄も含めるようにとされていた。「公民科 (civics) の教授、参加民

主主義とシティズンシップ。そこには政党、圧力団体、ボランティア団体など民主的実践や制度に関する理解、また、連合王国、欧州、そしてさらに広い世界という文脈における市民社会での公的な政治活動の関係性の理解が含まれるかもしれない。…そして…、支出と税収が機能する際の要素とともに、成人生活における経済的現実の理解が含まれるだろう」(QCA 1998: 4)。

　加えて、助言グループの主要な成果として期待される事柄についても次のように言及されていた。「学校におけるシティズンシップ教育の目的と目標について述べること。／学校におけるよいシティズンシップ教育とはどのようなものであるか、そして、どのようにすればそれが首尾よく提供されるのかに関する幅広い枠組み。公的なカリキュラムの内外においてシティズンシップについて教授するための機会、学校とコミュニティが連携したプロジェクトを通じた個人的・社会的スキルの発達、ボランティア活動、校則や学校の方針の策定における児童生徒の参加を含む」(QCA 1998: 4)。このように諮問事項についての具体的な記述や、期待される成果への言及がみられることからも、学校におけるシティズンシップ教育の導入について政府が積極的であったことがうかがえる。

　1997 年 11 月に助言グループが設置された後、共通カリキュラムの見直し[16]について資格・カリキュラム機構(Qualifications and Curriculum Authority: QCA)[17]に助言するため、1998 年 3 月には学校におけるシティズンシップ教育の目的と目標、勧告を含む、最初の報告書が提出された[18]。1998 年 6 月にはバーミンガム (2 日)、シェフィールド (5 日)、ロンドン (8 日)において 3 回にわたって協議会が開かれている。そこには教員や教員団体に加え、政府組織、保護者会、青年団体、地方当局、コミュニティ団体・ボランティア団体、雇用主や労働組合の代表者が出席していた。また、最初の報告書の内容についてのアンケート形式での意見の聴取も行っている (QCA 1998: 72)。

　最初の報告書は関係者間でどのように受け止められたのだろうか。以下、QCA (1998: 72-79) を参照し、協議会での議論とアンケートの回答の概要をまとめておきたい。なお、以下の項目については報告書の区分に従っている。

①協議会での議論

協議会においては、最初の報告書の内容について大枠での支持を得ていた。具体的な勧告と関連しての参加者からの指摘は次のような点であったという (QCA 1998: 72-75)。

a) 法的位置づけ

特に共通カリキュラムとの関連において、学校における教科として確立するためにも法的な位置づけは不可欠であるという意見が出された。そのような位置づけによって、教員、児童生徒、保護者が真剣に取り組むことになる。また多くの参加者が、その位置づけを補完するため、シティズンシップ教育が教育水準局 (Office for standards in Education: Ofsted) [19] による査察の対象となる必要性を強調した。

b) 学習成果

学習成果を重視するアプローチについては、特に学校関係者から前向きな展開であると評価された。なぜなら、このアプローチが具体的な状況に対応できる柔軟性をもっていると考えられたからである。他の共通カリキュラムにおける教科のように、シティズンシップ教育の固定的な学習プログラムが提案されなかったことに対しては安堵感がみられた。

一方で、もしシティズンシップ教育が公的なカリキュラムの一部になってしまうと、現在のシティズンシップ教育のインフォーマルな側面が失われてしまうという危険性について懸念が示された。他にも、学習成果を重視するアプローチの可能性を引き出すために、よい実践例や教員に対する支援や研修が必要であることが主張された。最初の報告書において十分に取り上げられていない、いくつかの課題についての指摘もなされた。それらは、社会問題、経済的側面、環境問題、人権問題、メディア・リテラシー、欧州／グローバルな次元などである。

また多くの参加者が、評価についての言及が不十分であると指摘した。評価についてより明確にすることが必要であるということには一致がみられたが、それをどのようにして行うのかについては合意がみられなかった。

c) カリキュラムにおける時間

多くの参加者が、シティズンシップ教育のためにカリキュラムの 5% の時間を充てるという規定に関心を持っていた。初等学校の関係者からは、読み書きや計算のための時間と平行してシティズンシップ教育の時間を確保することが困難であることが指摘された。そのため、シティズンシップ教育がカリキュラムの他教科や領域を犠牲にしないようなかたちで、新しい教科として学校に提示されることが重要であった。

教科横断型アプローチの失敗から、個別のカリキュラムの時間を確保する必要性が認識されていた一方で、アプローチの柔軟性はカリキュラムの時間の割り当てとの関連において重要であった。カリキュラムにおける多様な時間の割り当てと、シティズンシップ教育と他教科の要素を組み合わせることが重視された。

d) 他教科との関連

参加者は、シティズンシップ教育と学校におけるその他の取り組み、他教科の要素との関連についてさらに明確化することを要求した。とりわけ初等学校における児童の価値やスキルの発達という観点から、シティズンシップ教育と人格・社会性・健康教育 (PSHE) には明らかな関連があるということが主張された。しかし、シティズンシップ教育の理論的根拠やその独自性が明確にされない限り、教員はこの 2 つの領域を区別することができないかもしれないという懸念もあった。

e) 学校全体アプローチ

シティズンシップ教育がうまくいくためには、それがすべての児童生徒のためのものであること、すべての児童生徒がその教育を受けることができなければならないという点については賛同がみられた。その焦点は、素行のよくない (disaffected) 児童生徒や特別なニーズをもつ児童生徒におかれてはならないし、学問志向の児童生徒だけのものであってもならないとされた。学校のエートスや組織は、このようなアプローチにとって重要であるとみなされた。多くの参加者は、教室における活動、児童会や生徒会への積極的な参加を通じて、また学校におけるカリキュラムの教授をこえて児童生徒がシティズンシップを経験する機会が必要であることを強調した。しかし、このこと

を達成する最もよい方法についての合意はみられなかった。また、学校と地域コミュニティがさらに協力することには強い支持があった。これはシティズンシップ教育の重要な要素であるとされた。

f) 段階的な導入と実践

教員研修、教育水準局 (Ofsted) の査察、助言とガイダンス、広報などについて助言グループがさらなる協議を行うことについて要望が出された。参加者は、シティズンシップ教育を効果的に実践できるような自信と知識、スキルを獲得するために教員養成と現職教員の研修の重要性を強調した。教育水準局による査察の枠組みについても、シティズンシップ教育を考慮に入れるよう要求があった。しかし、シティズンシップ教育のいくつかの側面については査察が困難であり、慎重な扱いを要するという懸念もあった。また、よい実践例を共有・普及する必要性が強調された。最終報告書の提出の際には、その計画と実践を支援するためのメッセージとさらなる助言、ガイダンスが必要であることが強調された。広報については、学校をこえて子どもの教育にかかわるすべての人に対して必要であるという意見が出された。

②アンケートの回答

アンケートは、大学、学校、地方当局、地方当局に関連する組織、教科・人格・社会性・健康教育 (PSHE) 関連団体、宗教組織、シティズンシップ教育に関心を持つ組織、教員団体、個人などから 229 通の回答を得た。回答の主要な結果は次の通りであった (QCA 1998: 76)。

・80% 以上が、最初の報告書における「主要な勧告 (essential recommendation)」、「次なる段階 (next step)」、シティズンシップの定義について賛成していた。
・シティズンシップ教育において、グローバル／欧州／多文化主義の問題を十分に強調すべきであるという意見が多くみられた。
・いくつかの回答において、シティズンシップ教育をカリキュラムの個別の要素として捉える一方で、多くの回答が学校における PSHE と密接に関連させるべきであると感じていた。
・シティズンシップについての学習は行動的、参加的であるべきであり、

広くコミュニティの一員としての参加を含むべきであるという認識が広くみられた。

　以上、協議会での指摘とアンケートの回答をみてきたが、最初の報告書が提出された時点ではシティズンシップ教育の法的な位置づけという大きな枠組みに対しては賛同を得ていたものの、シティズンシップ教育の実践にあたっての具体的な事項については問題や懸念が数多く指摘されていたといえる。特に、評価方法、教員研修、他教科・領域との関連、カリキュラムにおける時間の割り当て、また、シティズンシップ教育における幅広い視点の欠如（グローバルな次元、人権、環境など）などが問題として指摘されていた。最初の報告書への応答をまとめると、カリキュラムにおけるシティズンシップ教育の位置づけを明確化、あるいは強化したいという思いがある一方で、現実的な問題として、すでに他の教科で混み入った共通カリキュラムにどのように位置づけるのかという問題が存在していたのである。このようにシティズンシップ教育の実施に関する議論が活発になされる一方で、シティズンシップの定義をめぐっては特に異論は出されていなかった。

第3節　『クリック報告』にみるシティズンシップの定義

(1) クリック報告の勧告——シティズンシップ教育の必修化

　助言グループでの審議を経て、1998年9月に『学校におけるシティズンシップ教育と民主主義の教授：シティズンシップに関する助言グループ最終報告書』(QCA 1998、以下、クリック報告) が公表されることになる。報告書は3つのパートで構成されている。それぞれのタイトルは「第1部：はじめに」(セクション1~3)、「第2部：勧告」(セクション4~5)、「第3部：詳細の説明」(セクション6~11) である (以下、括弧内はクリック報告のセクション番号、あるいは頁を示す)。

　まず、ブランケットは、この最終報告書の提出にあたってシティズンシップ教育の重要性について次のように述べている。

第 3 章　シティズンシップの明確化と人権との差異化　107

　「シティズンシップ教育は、新しい世紀において持続的で行動的な民
　主的社会を復活させるために不可欠である。私たちはこの好機を逃して
　はならない。それ〔＝シティズンシップ教育〕は、ヨーロッパやアメリカ、
　オーストラリア、カナダといった他の国々においてカリキュラムの重要
　な一部となっているのである。私たちは、すべての若者が民主主義の意
　味することや、地方そして中央の政府が実際にどのように機能している
　のかに関する理解を発達させ、コミュニティでの生活において積極的な
　役割を果たすことができるようにしなければならない。権利と責任を関
　連させること、そして社会的に受け入れられる他者への態度を強調する
　ことは、行動的シティズンシップ（active citizenship）の発達を支えるのであ
　る。」（DfEE 1998）

　このように、他の国においてすでにカリキュラムの一部となっていること
についても言及しながら、民主的な社会を構築するための「行動的なシティ
ズンシップ」の重要性を強調している。またクリック報告の冒頭において
も、「民主的な価値に基づく共通のシティズンシップ（a common citizenship with
democratic values）という考えを活性化するためには、シティズンシップ教育が
法定の要件（a statutory requirement）とならなければならない」と述べられている
（1.1）。
　クリック報告では、第 2 部のセクション 4「主要な勧告」において 13 項目
の勧告が示されている（pp. 22-24.）。一番重要なのは最初に示されている勧
告であり、「シティズンシップ教育はカリキュラムにおける法定の権利（a
statutory entitlement）となるべきであり、すべての学校はそれによって課される
義務を果たしていることを示すことが要求されるべきである」（4.1）と述べら
れている。ここで提起されているのは、シティズンシップ教育を法によって
定められたすべての生徒が学ぶべきカリキュラムにおける必修の要素とすべ
きであるということである[20]。続く勧告においては、学習プログラムにおい
て学習内容を詳細に示すよりも具体的な学習成果を示すこと（4.2）[21]、学習成
果を厳密に定義すること（4.3）[22]、含まれるべき内容（4.4）などのシティズンシッ

プ教育の方針や内容にかかわるものと、段階的な導入 (4.9) や学校以外の組織の役割 (4.11) など実施にあたっての配慮事項が提示されている。

助言グループへの諮問事項は「学校における効果的なシティズンシップ教育について助言すること」であり、また、主要な成果として期待される事柄は「学校におけるシティズンシップ教育の目的と目標について述べること」であった (QCA 1998: 4)。このことから、クリック報告においてはシティズンシップそのものよりもシティズンシップ教育に重点を置いた検討がなされており、「学校におけるシティズンシップ教育の枠組みに関する詳細な提案を含む」ものとなった (QCA 1998: 4)。しかし、注目すべきは、クリック報告においてもシティズンシップとは何を意味するのかという点についての検討がなされていることである。ただし、それは第1期カリキュラム改革の際にみられた権利や国籍といった法的側面からの検討ではなく、主として政治思想の文脈からの検討であった。以下では、主として「第1部：はじめに」に着目し、クリック報告においてはシティズンシップ概念についてどのような認識が示されたのかを整理する。

(2) シティズンシップ観の転換——臣民から市民へ

クリック報告においては、政治思想の文脈に基づいて臣民と市民の相違が論じられることになる。第1部のセクション2「シティズンシップが意味すること」においては、シティズンシップの歴史が整理されている。まず、政治的な伝統に基づくとその歴史は古代にまで遡ることができ、「ギリシャ都市国家やローマ共和国に起源をもつ政治的な伝統の中で、シティズンシップは市民の権利 (rights of citizens) を持つ人びとが公共の事柄に参加することを意味してきた。公共の議論や、直接的あるいは間接的に法律の制定や国家の意思決定に参加することである」(2.1) と述べている。当時は一部の特権的な人びとのみの参加が認められていたが、しかしながら、近代に入ると民主的な考えのもとにさまざまな要求がなされていく。それらは「教養のある人や資産家という一部の限られた市民階級から選挙権を拡大すること、女性の解放を達成すること、投票年齢を低くすること、報道の自由を認めること、統治

の過程を公開することなどである。私たちは今、経験に裏付けられた『市民の民主主義（citizen democracy）』の機会を得ている」とする (2.1)。

このように権利に基づく参加を重視するシティズンシップに対して、国民国家の出現は新たな意味を付与した。それは義務である。「独裁的な国家においてでさえ、人びとは法の保護を受け、法に従う義務があった。19 世紀には、例えば、ロシア国民（Russian citizen）であるということと、アメリカ国民（American citizen）であるということの意味は大きく異なっていた」という (2.2)。

ブリテンの状況については、次のように整理されている。「『よい臣民（good subject）』と『よい市民（good citizen）』は異なることを意味していた。ブリテンにおいては、しばしばこの区別についての認識に問題があった。私たちの連続する歴史において、下からのゆるやかな圧力に応えるかたちで王（the Crown）によって議会へと移された権力は、『ブリテン臣民（British subject）』と『ブリテン市民（British citizen）』という概念を多くの人びとにとって同じものにした」と述べている (2.2)。このように、臣民（subject）と市民（citizen）の区別を示し、それをどのように理解するのかが一つの論点であることを指摘している。この点については、クリック報告のその他の箇所でも触れられており、「議会制民主主義におけるシティズンシップ教育もまた、成人後の生活のための準備の一つであり、臣民（subject）としてではなく、市民（citizen）として活動することは成人後の生活の一部となる」(1.6) と述べている。しかし、これらの箇所ではこの区別について具体的な説明や根拠が示されているわけではない。クリックは両者の相違について別の著書で次のように整理している。「歴史的に市民（citizen）という概念と臣民（subject）という概念には根本的な相違がある。簡潔にいえば、臣民は法に従い、市民は法の制定や変更に役割を果たすということである」(Crick 2000: 4=2011: 14)。つまり、臣民は既存の枠組みに従うだけの受動的な存在とみなされる一方で、市民はその枠組み自体を問い直す存在として位置づけられている。

しかし、このようなシティズンシップのあり方については、第 1 期カリキュラム改革においても「行動的シティズンシップ」として言及されていた。クリック報告においては、第 1 期カリキュラム改革において提示されたシティ

ズンシップとの相違について次のように述べている。

　「近年、『よい市民 (good citizen)』と『行動的な市民 (active citizen)』について再び議論がなされるようになってきている。下院議長によって任命されたシティズンシップ委員会の報告書『シティズンシップの促進』(1990年) では、議論の出発点として T. H. マーシャルの著書『シティズンシップ』(1950 年) におけるシティズンシップの理解を取り入れた。マーシャルは市民的、政治的、社会的という 3 つの要素を見出した。最初の要素〔= 市民的要素〕について論じる中で、委員会は権利と義務の相互依存関係を強調した。そしてマーシャル以上に、社会福祉は国家による対策だけではなく、地域や全国的なボランティア団体、または組織において人びとが互いにできることがあることも強調した。これらは、『行動的なシティズンシップ』と呼ばれる義務とみなすことができる。しかし、マーシャルの 2 番目の要素〔= 政治的要素〕にはほとんど言及していない。おそらく、政治的シティズンシップ (political citizenship) を当たり前のものとみなしていたのだろう (歴史的にみれば、そうではないのだが)。市民精神、市民的性格、コミュニティにおけるボランティア活動は非常に重要なものである。しかし諸個人は、政治的な理解や行動によってそのような活動の条件を決定することを促され、訓練されなくてはならないのである」(2.3、傍点原文、〔　〕内引用者)。

　クリック報告において最も問題視されていたのは、第 1 期カリキュラム改革におけるシティズンシップの理解には、政治的な要素が抜けているということである。さらに、次のような指摘もみられる。「法規則を遵守することは、どのような社会秩序であっても必要条件であるし、教育の必要構成要素でもある。しかしながら、議会制民主主義の中では、教育は未来の市民が法と正義を区別することを助けなければならない。〔…略…〕市民は、平和的で責任をもったやり方で法を変えるために、必要な政治的スキルを身につけなければならない」(2.4、傍点及び〔　〕内引用者)。当時、政治的側面がそれほど

重視されていなかったという点については、カーも「1980年代後半から1990年代初めにおける保守党政府の〔シティズンシップの〕定義においては、第2の要素〔＝政治的要素〕が奇妙なほど沈黙していた」ことを指摘している（Kerr 1999b: 278、〔　〕内引用者）。それはまた、ボランティア活動への視点にも現れている。クリック報告においては「ボランティア活動とボランティアサービスは民主主義の中で十全なシティズンシップのための必要条件であるが、十分条件ではない」(2.5、傍点引用者) と述べている。

　このように、クリック報告においては、市民としての義務(duty)を履行すること以上に、責任を持って積極的に政治プロセスに参加するような、行動的シティズンシップの育成にその主眼を置いて第1期カリキュラム改革との相違を説明している。クリックの議論を本研究の枠組みにそって敷衍するならば、王と臣民の「忠誠―保護」という封建的な関係ではなく、「権利―義務」という契約的な関係の構築が目指されていたと考えられる。

(3) シティズンシップ教育の目的と3つの要素

　クリック報告ではシティズンシップ教育に関して次のように述べている。「私たちは、全国と地域の双方において、この国(country)の政治文化に変化をもたらすことを目指しているにほかならない。人びとが、話したり行動したりする前にその根拠について考える批判的能力を持ち、公的生活に影響をもたらしたいという気持ちがあり、そうすることができ、またそうするために準備している行動的な市民として自らを考える。コミュニティへの参加と公的サービスの伝統において、これらを若者に身につけさせ、普及させるのが最善である。そして、新しい参加や活動の形態を見出すことによって、彼らは自信を持つことができる」(1.5)。

　このようにクリック報告においては、イングランドの「政治文化の変容」という大きな目的のもとに、学校におけるシティズンシップ教育を位置づけていたといえる。さらに報告書の第3部では、シティズンシップ教育の「目的と目標(Aim and purpose)」についてより具体的に述べている。

「学校や大学におけるシティズンシップ教育の目標は、参加民主主義の特質や実践に関連する知識、スキル、理解を確かなものにし、それを高めることである。また、児童生徒が行動的な市民になるために必要な、権利と義務に対する自覚や責任についての認識を高めること。そうすることによって個人、学校、社会が、地域やより広いコミュニティにおける参加の価値を認めることになる。／議会、地方自治体、政党、圧力団体、ボランティア組織の活動を含むような、地域的、全国的な民主的制度や実践、目標が理解されなければならない。連合王国と欧州との関係の中で、公的な政治活動がどのように市民社会に関連するのかを示すこと、また、世界の出来事やグローバルな問題に対する認識や関心を高めること。税制度と公的な支出がどのように相互に作用しているかということなど、経済的な生活の実際に関連する理解も必要となる。」(6.6)

　ここでは最初の報告書への応答を考慮して、欧州／グローバルな次元や、経済的側面について言及がなされるようになっている。その一方で、多様性の問題や人権についてはあまり言及がみられない。
　それでは、シティズンシップ教育とはいったい何であるのか。クリック報告においては3つの要素としてまとめられている。それは、「社会的・道徳的責任 (social and moral responsibility)」、「コミュニティへの参加 (community involvement)」、「政治的リテラシー (political literacy)」である。これらは、「1つの身体に3つの頭がある」(2.12) とも述べられているように、相互に関連の深いものとして示されている。それらは、以下のように説明されている。

①社会的・道徳的責任

　「学校の内外において、子どもたちが集団で活動したり遊んだりするとき、またコミュニティの問題に取り組む時にはいつでも、この学びが発展させられなければならない。シティズンシップのこの側面についてはほとんど言及する必要がないと考える人がいるかもしれない。しかし私たちは、このことが問題の核心に近いと信じている。道徳的価値と個人の発達に関する指導は、

シティズンシップに欠くことのできない必須の条件である。〔…略…〕子ど
もたちはすでに学習や討論を通して、公正、法規則、意思決定、権威、彼ら
の身近な環境に対する態度、社会的責任についての概念を形成している。彼
らはまた、学校、家庭、その他の場所において、民主主義の中で生活してい
るかどうか、どのような社会問題が彼らに影響を及ぼし、どれほど多様な圧
力団体や政党がその問題について発言しなければならないかということにつ
いてある程度の知識を獲得している。これらのことは奨励され、指導され、
確立されなければならない」(2.11 (a)、傍点引用者)。

②コミュニティへの参加

「コミュニティにおける生活や、そこでの問題について学ぶこと、またそ
れらに役立つよう参加するようになること。これには、コミュニティへの参
加やコミュニティ・サービスを通じた学びを含む。シティズンシップの他
の2つの要素のように、子どもたちの過ごす時間は学校のみに限定されない。
もし、児童生徒や大人が多くのボランティア団体を非政治的 (non-political) だ
と認識していても、正確な意味としては『党派に属していない (non-partisan)』
というべきだろう。ボランティア組織にとって、意見を表明するとき、公的
権威に影響を及ぼすとき、宣伝するとき、基金を立ち上げるとき、メンバー
を募集するとき、メンバーを行動的にする (あるいは、なだめる) とき、この
ような組織は政治的スキルを用い、またそれを必要としている。」(2.11 (b))

③政治的リテラシー

「児童生徒が、知識、スキル、価値を通して、公的生活について、またそ
れにどのようにして影響を与えるのかについて学ぶこと。『政治的リテラ
シー』というのは、政治的な知識以上に幅広い意味を持つものとして探究さ
れた。『公的生活 (public life)』は、最も幅広い意味で用いられる。日常の中
での主として経済的・社会的問題に関する葛藤解決や意思決定のための現実的
知識やそのための準備を含む。また、個人の職業生活への期待やそれへの準
備、公的資源の配分や課税の理論的根拠についての議論も含む。これらの問

題が地域的、全国的、あるいは国際的な組織で起ころうとも、地域的、全国的な公的政治制度から非公式な組織まであらゆる社会の段階で起ころうとも、そのような準備は必要とされる。」(2.11 (c))

　加えて、「責任」について以下のように述べており、その重要性を強調している。「『責任 (Responsibility)』とは、道徳的な徳 (virtue) であると同時に本来、政治的である。これは、以下の意味を含む。(a) 他人への配慮、(b) 他人に対してどのような行動が効果的かをあらかじめ考え、予想すること、(c) 結果を理解し、関心を持つこと」(2.12)。

　まず、責任を強調しているように、①の社会的・道徳的責任を持つことはシティズンシップの必須の条件であるとされている。さらに、子どもが学校以外の場所においてもさまざまな体験をし、知識を得ていることに触れ、シティズンシップ教育によって民主主義に関する学びをさらに促す必要があるということを述べている。

　次に、②のコミュニティへの参加については、子どもの学びが学校に限定されないことに加え、ボランティア団体に参加するときにもある種の政治的なスキルが必要となることを指摘している。クリック報告においてはコミュニティについての定義を行っているわけではない。しかし先に述べたように、ブレア政権においてはコミュニティを重視していたことが指摘されている。吉瀬は、ブレアのスピーチにおける「コミュニティ」概念を次のようにまとめている。それは、「コミュニティとは、人々が日々に協力し合って生活する関係を意味し、現に我々が有しており、かつ誇りにしているものである。とりわけ、そのようなコミュニティが体現すべき、協調、連帯、協同、パートナーシップこそ、労働党が社会運営の基本に設定しようとしてきた基本的価値であった」という (吉瀬 1997: 134)。このようにコミュニティとは具体的な地理的範囲を指すのではなく、あくまでその関係性に着目しているということが考えられる。

　また、③の政治的リテラシーについては、先行研究においていくつかの指摘がなされている。栗原は、教科横断型テーマとして提起されたシティズンシップ教育と比較して、「『政治的リテラシー』が市民性〔＝シティズンシップ〕

の構成要素として含まれたことに特色がある」と指摘している（栗原 2001: 30、
〔 〕内引用者）。この政治的リテラシーという要素は、クリックが重視してい
た概念でもある。プリングは、「クリックは、民主的な制度をもつ社会におい
て前提となる、スキル、理解、知識の維持、強化には政治教育が不可欠で
あると常に主張してきた。彼の『政治的リテラシー』という概念は、説得力
と影響力を持つものであったが、（今日に至るまで）十分な影響力を及ぼして
いない」という（Pring 2001: 81）。

　クリック自身は、1970 年代の政治教育プログラムに触れながら、「今だか
らわかることだが、〔1970 年代の〕『政治的リテラシー』の概念自体が偏狭な
政治性をもっていた。あるいは、政党や政府の活動、議会における手続きと
いう、狭い意味の政治感覚を促進しようとしていた。しかしながら、『政治
的リテラシー』はあらゆる形態の集団活動に必要とされるものである」（Crick
2002: 496）と述べている。この点については、報告書においても「かつて議論
された『政治教育と政治的リテラシー』は、『シティズンシップ教育』と比較
して、私たちの提示する意味を理解するためには今となっては狭すぎる用語
であるように思われる」(2.9) と述べられている。

(4) 政府と個人の関係の変容──シティズンシップと人権との差異化

　このように、クリック報告においては臣民から市民への転換をめざし、シ
ティズンシップ教育の 3 つの要素を提起した。また、第 1 期カリキュラム改
革とその中心となる理念は同じであるが、政治的リテラシーという要素を加
えたことがクリック報告の一つの特徴であることを確認してきた。このよう
に、クリック報告における議論は、「実践としてのシティズンシップ」に焦
点をあてており、参加の内実を問うものとなっている。しかしその一方で、
クリック報告の議論においては「参加するのは誰か」というその主体をめぐ
る問いが抜け落ちているようにもみえる。

　以下では、クリック報告において政治的背景として言及されている憲法改
革と福祉国家からの転換に着目し、政府と個人の関係の変容についてどのよ
うな認識が示されていたのかを整理する。

クリック報告において主要な政治的背景として言及されているのは、憲法
改革と福祉国家からの転換の2点である。まず、「公的生活（public life）につ
いての無関心、無知、シニシズムが懸念される状態にある。これらについて、
あらゆる段階で取り組まれなければ、憲法改革と福祉国家のあり方の変容に
おいて待ち望まれる利益が、わずかなものになるだろう」（1.5、傍点引用者）と
述べている。さらに、教育と関連して、「私たちは、ボランティア活動やコ
ミュニティへの参加が市民社会と民主主義の必要条件であると固く信じてい
る。これらに対する備えは、少なくとも、教育の明確な役割であるべきである。
これは政府が、一方にある国家福祉（state welfare）の供給とその責任を、もう
一方にあるコミュニティと個人の責任へと、その強調点を変化させようとし
ているときには特に重要である」（2.5）という。

　助言グループが設置されてからクリック報告が提出されるまでの時期は、
ブレア労働党政権が発足して間もない時期である。そのため、教育以外の主
要な政策領域であった憲法改革や福祉国家からの転換という文脈においても
シティズンシップが論じられていたことが考えられる。福祉国家からの転換
については、「イギリスは80年代のサッチャー改革、90年代末のブレア改
革と2つの福祉国家改革を経験」しているという（阪野 2002: 149）。阪野は、改
革の基本的な方向として、「ブレア政権は社会政策や福祉国家の目的を所得
再配分ではなく、個人の就労可能性（employability）を向上させることにおいた」
と指摘する（阪野 2002: 165）。しかし、「現実の政策を見る限り、労働市場の柔
軟化、社会政策の選別主義の強化等、サッチャー改革との間には連続性の要
素が多い」と述べている（阪野 2002: 173）。

　カーは、より広い社会的・政治的文脈として「個人と政府の間の関係が急
速に変化していること、市民的結束（civic cohesion）の伝統的な形態が衰退して
いること」を指摘している（Kerr 1999b: 277）。前者については具体的に述べら
れていないが、憲法改革や福祉国家からの転換に関する言及であると考えら
れる。このように、クリック報告において政治的背景として指摘された憲法
改革と福祉国家からの転換は、いずれも従来の個人と政府の役割を見直す動
きとして捉えられている。

一方で、クリック報告においては憲法改革の一部でもある 1998 年人権法の成立について直接的な言及はみられない。その一つの理由として、クリック報告の提出が 1998 年 9 月であったのに対して、人権法の成立は翌 10 月であり、ほぼ同時期に議論が進行していたということが挙げられる。しかし、助言グループが設置された 1997 年 11 月にはすでに人権法案(Human Rights Bill) は提出されており (Spencer 2000: 19)、クリック報告において言及されていても不思議ではない [23]。もう一つの理由として考えられるのは、人権に関する取り組みを行っていたのは教育雇用省ではなく、内務省(Home Office)であったことである (Spencer 2000: 21)。そうではあっても、両者が連携することは可能であったと考えられる。しかし、「人権という原則がシティズンシップ教育に関連しているという点について、助言グループに対する諮問事項においては一言も触れられなかった」(Spencer 2000: 21) のである。

　クリック報告において 1998 年人権法の成立についての言及はみられないが、人権への言及はみられる。例えば、シティズンシップ教育に必須の要素として「概念」、「価値と性向」、「スキルと態度」、「知識と理解」を挙げている。人権は、「スキルと態度」を除くすべての要素において言及されている (QCA 1998: 41-44)。また、KS3 の「知識と理解」の学習成果として、「民主的な社会の基盤となる権利と責任について理解する。その際、特に欧州人権条約を参照する。言論の自由や恣意的な逮捕からの自由といった権利をめぐる課題に気づくこと。世界人権宣言について、なぜ発展してきたのかを含めて知ること」が挙げられている (6.13.2)。

　しかし、「人権は、若者が学ぶ必要のあるスキルや価値の核心としてではなく、一つの選択肢として含められているに過ぎない」という指摘がみられる (Spencer 2000: 22)。第 1 期カリキュラム改革の議論において、シティズンシップ教育は人権教育の枠組みを参照すべきであると勧告されたことに照らし合わせてみれば、確かにその位置づけは周辺的なものにとどまっているといえる。

　クリック自身は、権利としてのシティズンシップと人権について次のように述べ、両者を区別していた。「市民的自由に分類される事柄は、人権に比

べると具体的で数も多い。人権に分類される事柄は、数が少なく基礎的なものである。〔…略…〕ところが、学校の教室では『権利 (rights)』がどんどん増え、ないまぜになって誤用されている。望ましくて必要で善いと思える一切合切を人権と呼んでしまうと、明晰な思考が妨げられ、道徳的選択には対価がともなうという意識が失われる。〔…略…〕市民的権利 (civil rights) と人権を混同すべきでないのとまったく同様に、欲求と基本的必要は区別しなければならない。〔…略…〕一般的な目標や基準をそなえた先進的な市民的権利もあるだろうが、人間の生まれながらの権利ではない。市民的権利は歴史的文化的な成果である」(Crick 2000: 104-105=2011: 148-149、傍点引用者)。クリックは「誤解のないよう願いたい。シティズンシップと人権は連携**すべき**である」と前置きしながらも、「しかし、〔…略…〕自由なシティズンシップの理念は、人権の明確な理念よりも前から存在していた」(Crick 2000: 127=2011: 180、強調原文)とし、両者を区別する必要性を論じている。

　もう一点、クリックが人権をシティズンシップ教育の基礎に位置づけようとしなかった理由として考えられるのは、シティズンシップ教育における価値の捉え方である。まず、クリックは「市民的自由とシティズンシップを提唱し教えることで広めようとしているのは、自分が正しいと思っているあらゆる事柄や (哲学者たちのいう) 実質的な価値ではなく、手続き的価値 (procedural values) である」(Crick 2000: 105=2011: 149) と述べ、議論を行う際に前提となる手続き的価値として、「自由 (freedom)」、「寛容 (toleration)」、「公正 (fairness)」、「真実の尊重 (respect for truth)」、「理由を示す議論の尊重 (respect for reasoning)」を挙げている (Crick 2000: 156-167=2011: 219-234)。クリックは「実質的な意味での正しい態度 (『法の支配の尊重』、『適正な個人主義』、『階級なき社会』など何でもよいが) へと誘導する教育は、政治やシティズンシップの教育ではない」とみているのである (Crick 2000: 106=2011: 150)。また、「人格・社会性教育 (PS-E)、宗教教育、道徳教育など名称は何であれ、価値を明確な目標にしている教育は、論理学の言葉で言えば、健全なシティズンシップや健全な振る舞いの『必要条件』ではあるが、『十分条件』ではない」(Crick 2000: 129=2011: 184) としている。さらに、価値を教えることについては、「価値をそのまま直接的に教えるこ

とが可能だとは、残念ながら私は考えていない。意味ある価値は、実体験か想像上の経験から生じなければならない。そうでなければ、丸暗記すべき一連のルールにすぎなくなってしまう」と述べている (Crick 2000: 124=2011: 176)。

このようにクリックは、権利としてのシティズンシップと人権とを区別する必要性を強調していた。また、クリックにとって（人権教育が人権を一つの原則や価値とみなし、それを伝達しようとする教育活動とクリックが考えていたとすれば、という前置きが必要であるが）、人権教育はシティズンシップ教育の重要な部分であるとしても、その原理ではないと認識されていたと考えられる。

(5) 複合的なナショナルアイデンティティと重層的な共同体への帰属

クリック報告ではナショナルアイデンティティについて触れているものの、その前提となるネイションの範囲については明確にされていない。クリック報告では、シティズンシップ教育の目的において「私たちは、全国と地域の双方において、この国 (country) の政治文化に変化をもたらすことを目指しているにほかならない」(1.5) と述べているが、ここで「全国 (nationally)」とされているのは「国 (country)」と言及されている「イングランド」である。

一方で、より広範な社会問題として多様性の問題に触れる中でナショナルアイデンティティについての言及がみられる。まず、シティズンシップ財団の「私たちの社会のあり方がより複雑になっていること、より進んだ文化の多様性や価値に対する統一的な見解を喪失していること、それは拡大家族のような伝統的に支えとなっていた機能を失ったこととも結びついている」というコメントを引用しつつ、「『文化の多様性 (Cultural diversity)』はナショナルアイデンティティの問題を引き起こす」(3.13) と述べている。さらに、「これらの不安に応えるため、コミュニティ全体としての主要な目的は、連合王国に古くからみられるネイション (nations)、文化、エスニック・アイデンティティ、宗教の多元性を十分に保障するようなナショナルアイデンティティ (a national identity) を含む、共通のシティズンシップの感覚 (a sense of common citizenship) を見つけだし、復活させることであるべきである。シティズンシップ教育は、多様なエスニック、宗教的アイデンティティの間に共通の基盤

(common ground) を作り出す」(3.14、傍点引用者) と主張している。

　ここで多様性の問題とともに言及されているナショナルアイデンティティは、連合王国の多元性を包摂するような「一つの (a)」ものであるという点に着目できる。すなわち、ここでは連合王国全体のナショナルアイデンティティに言及していると考えられる。スターキーは、このセクションを引用しながら、「シティズンシップ教育はこのように、より広く定義されたナショナルアイデンティティを構築しようとする社会計画 (social project) と定義された」(Starkey 2000: 50、傍点引用者) とも述べている。しかし、クリック報告ではナショナルアイデンティティへの言及がみられるものの、その具体的な内実については明示していない。オスラーらも、「女王、国旗、国歌といったナショナルな象徴への言及はみられない」とし、「この意味でクリック報告も学習プログラムもナショナルアイデンティティを規定していない」(Osler & Starkey 2001: 295) と指摘し、クリック報告の段階においては、「既存のナショナルアイデンティティについて明確ではなく、それ以上にいまだ創出されていないものとして表現されている」と結論づけている (Osler & Starkey 2001: 303)。

　その一方で、人びとの多元的な帰属についても言及している。調査研究において「多文化的シティズンシップ (multi-cultural citizenship)」や「エスニックの多様性に敏感で、個人、そして彼らが属していると感じている社会的集団の双方に尊重を促すようなシティズンシップの形態」(3.15) が主張されていたことを引用しつつ、次のように述べている。「マジョリティはマイノリティを尊重し、理解し、寛容でなければならない。マイノリティはマジョリティと同じように法、規則 (codes)、慣習 (conventions) を学び、尊重しなければならない。なぜなら、それをすることが有益であるだけでなく、このような過程が共通のシティズンシップ (common citizenship) を育成することを促すからである[24]。これは、シティズンシップ教育に特別な重要性をもたらす。多元的な社会におけるナショナルアイデンティティの問題は複雑であり、決して当たり前〔に存在する〕とみなすべきではないからである。私たちはみな、お互いのことについてもっと学ぶ必要がある。この学習は連合王国やその4つの構成地域 (parts) を含むだけでなく、マイノリティ・コミュニティの出身

国やブリテンの移民先となっている主要な国々に配慮しながら、シティズンシップの欧州、コモンウェルス、グローバルな次元についても学ばなければならない」(3.16、傍点及び〔 〕内引用者)。

　このように多様性の問題が存在する一方で、マジョリティとマイノリティが学び合うことによって人びとの共通の基盤となるシティズンシップが育成されると述べている。クリック報告の冒頭においても「民主的な価値を持った共通のシティズンシップ (a common citizenship with democratic values)」(1.1、傍点引用者) について言及されていたが、その基盤となる政治共同体については、ナショナルな次元のみならず、欧州、コモンウェルス、グローバルという次元を含みこむものとして提示されている。KS3 の「知識と理解」の学習成果としては、「政治体としての連合王国について知ること。複合的ネイションによる統治構造 (multi-national constitution) 及びアイルランド共和国、欧州連合、コモンウェルスとの現代的な関係を含むこと」となっている (6.13.2)。このように、連合王国のネイション構造の複雑さを考慮しながらナショナルなレベルのシティズンシップについての明言を避けつつ[25]、多元的な社会における共通のシティズンシップの育成を提起している。

第4節　共通カリキュラム「シティズンシップ」への反映

(1)「シティズンシップ」(1999 年) への反映

　1998 年 9 月にクリック報告が公表された後、資格・カリキュラム機構 (QCA) での検討を経て 1999 年 9 月に『シティズンシップ：イングランド共通カリキュラム (キーステージ 3-4)』(QCA 1999、以下、共通カリキュラム) が公表された。共通カリキュラムには、学習内容を示した学習プログラム、修得が期待される知識、スキル、理解を示した到達目標が示されている。

　まず、共通カリキュラムにおいては、シティズンシップ教育の重要性が次のように述べられている (以下、括弧内は共通カリキュラムの引用頁を示す)。

　　「シティズンシップは、地域、ナショナル、国際的なレベルの社会に

おいて、効果的な役割を果たすための知識、スキル、理解を生徒に与える。それは、自らの義務と権利を自覚した、見識をもち、思慮深く、責任ある市民（informed, thoughtful and responsible citizens）となることを助ける。また、精神的、道徳的、社会的、文化的発達も促す。そして教室の内外において、より自信と責任を持つようにする。シティズンシップは、生徒が学校、近隣（neighbourhoods）、コミュニティやより広い世界での生活において有益な役割を果たすように促す。それはまた、彼らに経済と民主主義的な制度やその価値を教え、さまざまなナショナル、宗教的、エスニック・アイデンティティ（different national, religious and ethnic identities）を尊重するように励ます。そして、問題を熟考し、議論に参加する能力を発達させる。」（p. 12、傍点引用者）

　共通カリキュラムにおいては、クリック報告が提起したシティズンシップ教育の3つの要素がそのまま示されているわけではない。学習プログラムは、①見識をもった市民となるための知識と理解、②探究とコミュニケーションのスキルの発達、③参加と責任ある行動のスキルの発達、という3つの観点から構成されている。これら3つの観点は、KS3とKS4の学習プログラムの冒頭で「知識、スキル、理解」という見出しのもとに次のように関連づけられている。「教授においては、**見識をもった市民になることについての知識と理解を確実に身につけさせ、探究とコミュニケーションのスキルや、参加と責任ある行動のスキルを発達させる**際に応用できるようにすべきである」（p. 14、p. 15共通、強調原文）。

　KS3の学習プログラムに着目すると、まず、クリック報告のスタンスが引き継がれている点としては、「①見識をもった市民となるための知識と理解」における学習内容として「b. 連合王国におけるナショナル、地域的、宗教的、エスニック・アイデンティティ（national, regional, religious and ethnic identities）の多様性、及び相互尊重と理解の必要性」、そして「i. グローバル・コミュニティとしての世界、その政治的・経済的・環境的・社会的意味、及び欧州連合、コモンウェルス、国際連合の役割」が挙げられていることに着目できる

第3章　シティズンシップの明確化と人権との差異化　123

(p. 14)。これらの記述においては、複合的なナショナルアイデンティティと
重層的な共同体への帰属が示唆されている。

　その一方で、権利としてのシティズンシップと人権との差異化という点は
それほど強調されていない。「①見識をもった市民となるための知識と理解」
においては、「社会を支える法、人権、責任、及び刑事裁判制度の基本的側面、
そしてこれらがどのように若者に関係しているか」という学習内容が示され
ている (p. 14)。しかし、両者の相違について強調されているわけではない。

　また、KS3 の修了段階での到達目標については、次のように述べられてい
る。「生徒は学習した項目についての幅広い知識と理解を持つ。市民として
の権利、責任及び義務、ボランティア部門の役割、統治の形態、公的サービ
スの提供、刑事及び法的な制度。生徒はメディアを通じて、一般の人びとが
どのようにして情報を得て意見を形成し、表明するのかということを説明す
ることができる。また生徒は、どのようにして、そしてなぜ社会が変化する
のかについての理解を示すことができる。生徒は、学校やコミュニティ活動
に参加し、自分や他者に対する態度の中に個人や集団としての責任を表現す
ることができる」(p. 31)。

　このように共通カリキュラムにおいては、法や政治に関する基本的な知識
を習得し、またさまざまな情報を用いて、学校内だけではなく広くコミュニ
ティに参加することが求められている。

(2) 単元構成例への反映

　資格・カリキュラム機構 (QCA) のスタンダード・サイト (The Standards Site)
には、キーステージ KS1 から KS4 までの「シティズンシップ」の単元構成例
(schemes of work) が示されている [26]。以下に示すのは、必修化となった KS3 と
KS4 の単元構成例の一覧である。

124

表 3-1　キーステージ (KS) 3 の単元構成例

単元 01. シティズンシップ——これはいったい何？
単元 02. 犯罪
単元 03. 人権
単元 04. ブリテン——多様な社会？
単元 05. 法はどのように動物を保護するのか？——地域からグローバルな学習へ
単元 06. 政府、選挙、投票
単元 07. 地域民主主義
単元 08. 地域コミュニティにおけるレジャーとスポーツ
単元 09. 社会におけるメディアの意義
単元 10. グローバルな問題を議論する
単元 11. 今日の世界で平和を保つことがなぜそれほど困難なのか？
単元 12. ブリテンにおいて、なぜ女性と一部の男性は投票のために苦闘してきたのか？
　　　　今日における投票の意味は何か？
単元 13. 対立をどのように解決するか？
単元 14. 民主的参加のスキルを発達させる
単元 15. 犯罪と安全確保の自覚——学校全体、複数機関アプローチ
単元 16. 人権を讃える——学校全体のシティズンシップ活動
単元 17. 学校をつなぐ
単元 18. 校庭を開発する
単元 19. KS3 の終わりに進歩を評価し、達成を記録する
単元 20. 公的利益とは何か？
単元 21. 人びとと環境

表 3-2　キーステージ (KS) 4 の単元構成例

単元 01. 人権
単元 02. 犯罪——若者と自動車犯罪
単元 03. 人種主義と差別に立ち向かう
単元 04. どのように、そしてなぜ法がつくられたのか？
単元 05. 経済はどのように機能するか？
単元 06. ビジネスと企業
単元 07. 参加すること——コミュニティのイベントを企画する
単元 08. ニュースを制作する
単元 09. 消費者の権利と責任
単元 10. 仕事における権利と責任
単元 11. 欧州——誰が決定するのか？
単元 12. グローバルな課題、身近な行動

　この単元構成例は、共通カリキュラムにそって構成されたものである。さらに、それぞれの単元では、学習プログラムに基づく学習目標、学習活動、生徒の学習成果を示している。ただし、この単元構成例はあくまでもガイ

第3章　シティズンシップの明確化と人権との差異化　125

ドラインであり、法令で定められているものではない。ここでは、KS3 及び
KS4 においてともに一つの単元として挙げられている「人権」に着目してそ
の内容をみておきたい（以下、KS3 の内容を取り上げる）。

　単元 03. 人権

　まず、単元のねらいが次のように述べられている。「この単元では、自身
の経験と結びつけながら、生徒は人権と責任について学習する。生徒は、連
合王国におけるすべての人びと（every person in the UK）の基本的権利を保護す
る 1998 年人権法の役割について検討する。生徒は、個人の権利が他の個人
の権利や共同体の集合的権利と衝突しうること、ほとんどの人権は絶対的で
はないことについて考える。人びとの権利が侵害されている世界のさまざま
な地域の状況について検討し、難民の経験について調査する。地域、ナショ
ナル、グローバルな文脈における人権と責任に関する理解を発達させる。こ
の単元で導入する人権に関する多くの概念や課題は複雑であり、KS4 並びに
それ以上の段階のシティズンシップにおいて発展させられる。」

　この単元は以下のセクションで構成されている。それぞれのセクションは、
目的と成果（objective and outcomes）との関連における一連の学習活動が示され
ている。

表 3-3　単元「人権」

§1　私の権利と責任とは何か？
§2　人権とは何か？
§3　人権が否定されたとき何が起こるか？
§4　人権について何を知っているか

　ここでは、「§2 人権とは何か？」を取り上げたい。このセクションを通じ
て子どもたちは、次のことを学ぶことが目標とされている。それは、①人権
は日常生活において役割を果たしていること、②すべての人間（every human
being）は一定の基本的権利をもつ権利を有すること、③ブリテンにおける基
本的人権は 1998 年人権法において示され、これらの権利は他の権利とは異

126

なっていること、である。具体的な学習活動と学習成果は以下の通りである。

表 3-4 「§2 人権とは何か?」

学習活動
● 1998 年人権法についての話をする。 ・ブリテンにおけるすべての人 (everyone in Britain) の基本的な法的権利が示されている。共通の価値 (common values) によって基礎づけられている。 ● §1 で作成した権利章典 (the charter of rights) を再度みてみるように言う。 ・学校外の他のコミュニティにおいてもふさわしいものだろうか?その他にどのような権利を含む必要があるだろうか? ・章典の権利と 1998 年人権法に示されている 16 の基本的権利とを比較するよう言う。 ・生徒が含めなかった権利はどれか?それはなぜか?生徒は人権がどのようにして、家庭、学校、職場における日常生活に影響しているのか考察する。 ● 人権は絶対的なものだろうか?生徒はグループになって、個人の権利が集団の権利と衝突する状況について確認し、議論する。一つの正しい答えのない状況において衝突する権利のバランスをどのようにとるのかを検討する。一つの例として、1998 年人権法の第 8 条 (私的及び家族生活を尊重する権利) に言及する。誰かのプライバシーに干渉することが許容される場合について聞く。 ・犯罪を防止するために CCTV を使用するのは許容されるか?公営団地で落書きを防止するための場合はどうか?学校のトイレで破壊行為を防止する目的の場合はどうか?お店の試着室で万引きを防止する目的の場合はどうか? ・生徒は家庭生活を尊重する権利について考察する。家族の分断が許容される場合があるかどうか?親が子どもを養うことができない場合はどうか?(その他の例:言論の自由、土地や歩道へのアクセス、所有権) 生徒はグループ討議の内容について報告する。 ● 民主的な社会における法によって保護される基本的人権とはどのようなものかを考察する。例えばブリテンの 1998 年人権法など。多くの場合で人権が競合したり、衝突したりするため、バランスを取る必要があることを再度述べる。
学習成果
子どもたちは、 ・人権は不可欠な権利であり、ブリテンにおいては 1998 年人権法が共通の価値を反映していることを理解する。 ・すべての人は一定の基本的権利をもつ権利を有することを知る。 ・人権法が学校の方針や日常生活の他の側面にどのように関係しているのかを知る。 ・権利は競合したり衝突したりする可能性があること、そのためバランスを取る必要があることを認識する。

　このように QCA が示した単元構成例においては、権利に関するテーマとして人権を中心とした学習活動が展開されていることがわかる。この中では 1998 年人権法についても大きく取り上げられている。第 1 期カリキュラム

改革において問題視されていた権利の明確化という課題の克服によって、学習内容に具体的な権利の内容が示されるようになっていることが読み取れる。その一方で、人権は「共通の価値」によって基礎づけられたものであり、「ブリテンにおけるすべての人の基本的な法的権利」であるとされている。ここには国籍、あるいは政治共同体の法的地位に付随する権利という視点はみられない。

第5節　小　括

　本章では、第2期カリキュラム改革のシティズンシップ教育政策をめぐる議論に焦点をあて、第1期カリキュラム改革において提示された論点である、①シティズンシップと人権との関連に加え、②シティズンシップ教育とナショナルアイデンティティとの関連に着目して分析を行ってきた。

　以上の検討結果をまとめると、まず、教科横断型テーマとしてシティズンシップ教育が導入された後、第1期カリキュラム改革に際して顕在化した権利の明確化という課題について引き続き研究が行われていた。そこで目指されたのは、具体的な権利と義務の内容を示すということと、それがどの程度ブリテン国民であることに付随するのかということを明らかにすることであった。その帰結となったのは、欧州人権条約の国内法化による1998年人権法の成立である。この法律によってこれまで「残余」として定義されてきた権利が明確化されることとなった。ただし、これらの権利は「ブリテン国民（British citizen）であることに付随する権利」とは言えないものであった。

　次に、労働党政権の発足によって設置された助言グループの報告書においては、臣民から市民へのシティズンシップ観の転換を大きな目標としていた。その目標の下に、シティズンシップ教育の目的と3つの要素が示されることとなった。それらの要素は、「社会的・道徳的責任」、「コミュニティへの参加」、「政治的リテラシー」である。クリック報告において提起された「政治的リテラシー」を含むシティズンシップ教育は、保守党政権下の第1期カリキュラム改革において示されたシティズンシップ教育と性質を異にするものとみな

された。その一方で、助言グループの報告書においては、1998年人権法の成立については言及がなされなかった。その理由として、クリックがシティズンシップと人権を区別していた点、及びシティズンシップ教育において手続き的価値を重視していた点を指摘した。またナショナルアイデンティティについては言及がみられるものの、具体的な内容が示されることはなかった。当時はスコットランドやウェールズへの権限移譲など、ブリテンにおけるナショナルアイデンティティの再検討を促す出来事が背景にあったと考えられる。連合王国は複合的ネイション国家とみなされており、シティズンシップの育成において特定のネイションを重視するという方向性は打ち出されなかった。

　ただし、クリック報告のスタンスは共通カリキュラム「シティズンシップ」及びシティズンシップの単元構成例にそのまま引き継がれたわけではなかった。特に人権に関しては、クリック報告にみられた位置づけとは異なり、単元構成例において権利に関する学習の重要な要素として位置づけられることとなった。

注

1　第1章においてすでに述べたように、ブリテンにおいては「憲法」という成文化された法は存在しないため、「憲法という成文化された法が存在するかのような印象を与える『イギリス憲法』という用語は適当ではない」という指摘もみられる（戒能 2003: 51-52）。その他には「統治構造」（倉持 2003: 127）や「統治機構」（齋藤 2009）という訳語も用いられている。以下、基本的には「憲法」という訳語を用いるが、上記のような事情を踏まえて訳し分けることとする。なお、憲法改革の「基本的な意義（impact）は、『議会主権』と『法の支配』という二つの法原理と、選挙民の政治的主権という政治原理の観点からはかられるというのが基本的視点になろう」（森山 2014: 141）とされている。なお、「成文憲法典の欠如は、イギリス法において、国家権力一般を包括的に把握する法概念としての、『国』ないし『国家』概念の欠如をもたらしている」とされる。先行研究においては、王位（Crown）が国家に代わる便利なシンボルとして発達してきたという指摘がなされているという（植村 2003: 156）。

2　連合王国には、国民（citizens）の権利と責任に関する基本的な原則を示す成文化

された憲法が存在しなかった。しかし、1998年人権法に欧州人権条約に含まれるほぼすべての権利が組み込まれ、基本的な権利と基本的な自由に関して、明確な法規定が示されることになった（Eurydice 2005: 68）。この法律は2000年10月から施行されている。

3 1997年にウェールズとスコットランドの議会設立が住民投票によって支持され、1999年には選挙が行われて自治政府が発足した。北アイルランドにおいても、1998年の和平合意と議会設立が住民投票によって支持され、選挙によって自治政府が発足している。2000年2月には自治政府の機能が一時停止されることがあったが、それも同年の5月には回復している（横田2002）。

4 ただし、保守党政権の取り組みとの連続性を指摘する研究もある（木原1999）。

5 第2期カリキュラム改革においては、クリック並びに当時の教育雇用大臣であったディビッド・ブランケットが重要な役割を果たしたことが指摘されている（Kiwan 2008: 22）。

6 学校におけるシティズンシップ教育の実践については、教育水準局（Ofsted）による報告書が出されている（Ofsted 2006; 2010; 2013）。

7 シティズンシップ研究所（Institute of Citizenship studies）は、1990年に下院議長バーナード・ウェザリルによって設立された。

8 ブリテン国際法・比較法研究所（British Institute of International and Comparative Law）は、ピアーズ・ガードナーが所長を務めていた。

9 緑書（green paper）とは、政策や構想を提案し協議するための文書のことである。緑書を基に協議が行なわれ、一定の結論が得られたものは白書（white paper）にまとめられることになる（齋藤2009: 31）。

10 「当初、この比較はイングランドとウェールズに限定されていたが、その結果に対する見解にはスコットランドや北アイルランドも含まれている。」(p. vii)

11 緑書において示された18のシティズンシップの特徴は以下の通りである。①国政及び地方選挙での投票権、②国政選挙及び地方選挙での被選挙権、③請願及びレファレンダムの権利、④集会及び結社の権利、⑤公的機関及び公共サービスへのアクセス、⑥裁判を受ける権利、⑦軍役の義務、⑧移動の自由及び居住の権利、⑨パスポートをもつ権利、⑩財産所有の権利、⑪福祉利益の権利、⑫課税からの自由、⑬職業選択の自由及び労働の権利、⑭シティズンシップを有する国への忠誠、⑮教育への権利及び職業訓練、⑯医療を受ける権利、⑰言語権、⑱差別禁止。

12 白書においてまとめられた18のシティズンシップの特徴は以下の通りである。①移動の自由に対する権利、②パスポートをもつ権利、③投票権、④レファレンダムの権利、⑤被選挙権、⑥公的機関及び公共サービスへのアクセスの権利、

⑦保護の権利、⑧福祉利益の権利、⑨健康管理の権利、⑩教育への権利、⑪雇用の権利、⑫居住の権利、⑬言語権、⑭差別禁止、⑮忠誠の義務、⑯軍役の義務、⑰納税の義務、⑱国民健康保険への支払い義務。

13　人格・社会性教育（Personal and Social Education: PSE）は、「子どもの人格および社会性の発達を目指した教育を総称している。英国では、1980 年代半ばより、頻繁に使われ始めた用語である」という（柴沼・新井 2001: 136）。その後、2000年のカリキュラム改訂では、PSE は健康教育（Health）が強調された形で人格・社会性・健康教育（Personal, Social and Health Education: PSHE）となり、KS1 と KS2においてシティズンシップとともに非法令の枠組みとして導入された（柴沼・新井 2001: 194）。

14　白書における発案に対しては、さまざまな組織から全体で 8000 あまりの応答があった。しかし、このシティズンシップ教育に関する問いについては 216 の返答しかなかったという（QCA 1998: 18）。

15　ブランケット教育雇用大臣が助言グループの設置について明らかにした文書（DfEE. (1997). 'Blunkett announces schools' group to boost citizenship', *DfEE News*, 19 November, London: DfEE.）については入手できていない。そのため、以下に述べる諮問事項についてはクリック報告の記述を参照した。

16　1988 年教育改革法によって、1989 年から共通カリキュラムが導入された。その後、1993 年に共通カリキュラムの見直しが諮問され、報告書（デアリング報告）が提出される。報告書を受けて、1995 年に改訂された共通カリキュラムが導入された。1995 年の共通カリキュラムは、以降 5 年間は改訂なしとされた（柴沼・新井 2001: 145-146）。そのため、ブレア政権発足後は、2000 年から新しい共通カリキュラムを導入することになった。

17　資格・カリキュラム機構（QCA）は、初等中等教育のカリキュラムや評価の開発、普通教育及び職業資格の水準維持・管理を行う執行機関である。1997 年教育法により設置された（文部省大臣官房調査統計企画課 2000: 49）。

18　最初の報告書である、Qualifications and Curriculum Authority (QCA). (1998). *Education for Citizenship and the Teaching of Democracy in Schools: Part One Advisory Group Initial Report*, London: QCA. については入手できていない。しかし、最終報告書において「第 1 部のはじめには、1998 年 3 月の最初の報告書をもとにしている。この〔最初の〕報告書の初めの 3 つのセクションは、用語にわずかな変更を加えただけで、最終報告書の第 1 部の〔3 つの〕セクションになっている」（QCA 1998: 6、〔　〕内引用者）とあるように、第 1 部の内容は大きく変わっていないと推察される。

19　教育水準局（Ofsted）は、1992 年教育（学校）法により設置された主任勅任学校視学官局（Office of Her Majesty's Chief Inspector of Schools in England）の通称であ

る。同機関は、国王により任命される主任勅任学校視学官（Her Majesty's Chief Inspector of Schools）を長とする独立政府機関で、イングランドの学校査察を組織・統括している（文部省大臣官房調査統計企画課 2000: 63）。

20　クリック報告では、「〔シティズンシップ教育と民主主義の教授は〕もはや内容と方法が大変多様化している、組織化されていない個別の取り組みに任せておくことができないことがはっきりしている」(1.1、〔　〕内引用者) と述べており、さらに、「私たちは、シティズンシップ教育がカリキュラムの中で極めて重要な個別の部分となり、まさにその観点から、すべての子どもたちの権利となることについて述べた。私たちは、シティズンシップ教育は他の教科やカリキュラムのその他の側面によって高められ、またそれに重大な貢献をすることができると認識している」(3.1) とする。

21　クリック報告では次のように説明されている。「法的な位置づけは、詳細な履修内容よりも、それぞれの教育段階における具体的な学習成果を設定することによって確立される。〔…略…〕アウトプット・モデルは、厳密に定義された学習成果のみに基づく。これは、各地域の状況や機会との関わりにおいて学校に柔軟性を与える。そして、多様な教科との組み合わせや、各学校に存在する優れた実践に基づくカリキュラムとの関連をもちながらシティズンシップ教育の多様なアプローチの可能性を広げる」(4.2)。

22　学習成果は、各 KS を通じてカリキュラムの 5% 以下の時間配当に基づくものであるべきとされている (4.5)。カリキュラムの 5% の時間配当を換算すると、週あたり 1 時間 15 分、年間 45 時間となる（DfES（2002: 25) を参照)。また、その実施形態については「ブロック（blocks）、モジュール（modules）、現在のチュートリアルの時間の一部、一般教養の時間、あるいは毎週の学習時間として割り当てられる。実施形態については、学校が定める」(4.5) としている。

23　先行研究では、シティズンシップ教育との関連において 1998 年人権法の成立に言及しているものもある。例えば、シティズンシップの意味を説明する際、「連合王国には、国民（citizens）の権利と責任に関する基本的な原則を示す成文化された憲法が存在しなかった。しかし、1998 年人権法に欧州人権条約に含まれるほぼすべての権利が組み込まれ、基本的な権利と基本的な自由に関して、明確な法規定が示されることになった」（Eurydice 2005: 68) と述べられている。

24　ここで提示されているマジョリティとマイノリティの関係について、オスラーらは「エスニック・マイノリティに『寛容』であることを学ぶ必要があるとされるブリテン国民（British citizens）に対して、マイノリティにはより多くの努力が要求されている。これは、同化や統合の暗に示された過程である」と批判している（Osler & Starkey 2001: 293)。

25　クリックは別の著書で連合王国のネイション構造の複雑さについて次のように説明している。「連合王国は複合的ネイション国家 (multinational state) であり、人びとは二重のアイデンティティをもっている。スコットランド人とブリテン人、ウェールズ人とブリテン人、はたまたアイルランド人とブリテン人、アジア人とブリテン人などである。このことが可能となったのは、イングランドの統治者階級が多様性を理解しており、他の国々がそうしたように、国家崇拝的なイングランド・ナショナリズムを発展させなかったからである。〔…略…〕『ブリティッシュネス』は文化全体ではなく単に議会と王と法という共通の制度とみなせばよいのであって、その下で、スコットランド人、ウェールズ人、イングランド人のアイデンティティがつねに相互に関連しながら個別に存立すると考えればよいのである」(Crick 2000: 180-181＝2011: 254-256)。

26　The Standards Site (http://www.standards.dfes.gov.uk) より。現在はウェブアーカイブとしてインターネット上に保存されている (http://webarchive.nationalarchives.gov.uk/20080804145340/http://www.standards.dfes.gov.uk/schemes3/subjects/?view=get [accessed: 2017/12/31])。

第4章　連合王国における共生に向けたシティズンシップ
——第3期カリキュラム改革

　本章では、2000年代半ばに始まる第3期カリキュラム改革を取り上げる。第3章に引き続き、①シティズンシップと人権との関連、②シティズンシップ教育とナショナルアイデンティティとの関連に着目して分析を行う。この2点に加えて、③地位としてのシティズンシップである国籍にどのような意味が付与されるのかを明らかにする。

　第3期には中等教育段階（KS3-4: 11~16歳）の共通カリキュラムの見直しが行われることになる。このとき、シティズンシップ教育に関する検討グループが設置され、その報告を受けて、2007年に改訂版の共通カリキュラム「シティズンシップ」が公表された。その後、2008年から改訂版の共通カリキュラムが実施されている。

　シティズンシップ教育の共通カリキュラムの見直しがなされた背景には、グローバルな文脈として欧州連合の拡大[1]とそれに伴う労働力移動[2]、さらに移民の増加による国内の多様化[3]が挙げられており、政治的文脈として人種関係の問題、移民法の改正、権限委譲、憲法改革（1998年人権法）が挙げられている（Ajegbo *et al.* 2007: 16-19）。その中でもシティズンシップ教育の見直しにおいて、もっとも直接的な契機となったのは2005年7月にロンドンで起こった地下鉄・バス同時爆破事件である。この事件をきっかけとして、「コミュニティの結束（community cohesion）」や「共有の価値（shared values）」といったテーマについて活発に議論がなされるようになった。また同時に「ブリティッシュネス（Britishness）」の重要性が強調されることになり、シティズンシップ教育の見直しにおいても論点の一つとなった。

第 3 期カリキュラム改革を分析するにあたって、2000 年代以降はさまざまな政策領域を横断するかたちでシティズンシップが論じられるようになる点に着目する。例えば、移民政策においては、地位としてのシティズンシップ、すなわち国籍のあり方に対する政策的関心が高まってくる。また、コミュニティの結束をもたらすために必要となる市民としての共通の価値やアイデンティティとしてのシティズンシップについても論じられるようになる。このように政策言説において「シティズンシップ」に多様な意味が込められていくと同時に、それらの関連が見出されるようになっていく。さまざまな要素が結びついたかたちでのシティズンシップが構想されてこなかった連合王国において、このような 2000 年代の政策動向は注目に値すると考える。

先行研究においては、カリキュラムの見直しが行われた第 3 期カリキュラム改革については、シティズンシップ教育を通じたナショナルアイデンティティや「ブリティッシュネス」の育成が重視される時期と捉えられている。しかし、実際の共通カリキュラムにこれらの議論がそのまま反映されているわけではないことに留意が必要である。

本章では、第 3 期カリキュラム改革について、中核となる価値の位置づけに焦点をあてながら、国民意識の形成にかかわる論点を検討する。とくに、地位としてのシティズンシップ (国籍) にどのような意味づけがなされていったのかに着目する。この分析を通じて、第 3 期においてはシティズンシップ教育において「ブリテンの価値」ではなく「連合王国における共生」が重視されるようになったことを指摘する。その際、シティズンシップ教育に関する勧告を行った報告書、共通カリキュラム「シティズンシップ」を主たる分析対象とする。この時期はシティズンシップ教育を通じた国民意識の形成について、中核となる価値をどのように定義するかをめぐる駆け引きが行われていたといえる。

本章の構成は以下の通りである。第一に、2002 年国籍・移民及び庇護法の改正に着目し、国籍の重要性が強調されるようになることを指摘する (第 1 節)。第二に、2005 年の地下鉄・バス同時爆破事件以降のカリキュラム見直しの経緯について整理する (第 2 節)。第三に、検討グループの報告書にお

いてはシティズンシップが人びとを結びつける紐帯とみなされること、また
ブリティッシュネスではなく連合王国という枠組みが重視されるようにな
ることを指摘する（第3節）。第四に、共通カリキュラム「シティズンシップ」
において報告書のスタンスがどのように反映されているのかを示す（第4節）。
小括として、第3期カリキュラム改革にみるシティズンシップ教育を通じた
国民意識の形成をめぐる論点について整理する（第5節）。

第1節　アイデンティティの基盤としての国籍
第2節　地下鉄・バス同時爆破事件とカリキュラム見直しの要請
第3節　『アジェグボ報告』にみるシティズンシップの定義
第4節　共通カリキュラム「シティズンシップ」への反映
第5節　小括

第1節　アイデンティティの基盤としての国籍

　第2期カリキュラム改革において政策立案の中心人物であったディビッ
ド・ブランケットとバーナード・クリックは、第3期カリキュラム改革に先
立つ2000年代前半に国籍・移民政策の分野においてシティズンシップのあ
り方を検討する作業に携わることになる。これまで実践としてのシティズン
シップである参加を重視する立場であった両者が、地位としてのシティズン
シップである国籍にどのような意味づけを行ったのかを検討する[4]。

　1997年に発足した労働党政権は、保守党政権に引き続き、移民・庇護政
策の一体化及び庇護政策の一層の強化を推し進めた。2001月6月にブレア
第2次内閣が発足すると、ブランケットは内務大臣としてシティズンシップ
に関する政策課題に取り組むことになる。このとき、ブリティッシュネスや
ブリテンのシティズンシップの意義に始まり、国籍法の改正を含めた21世
紀の市民権及び移民・庇護政策に関する包括的システムとその具体的政策
が検討されることになった（柄谷 2003: 205）。この議論を受けて制定されたの
が、2002年国籍・移民及び庇護法（Nationality, Immigration and Asylum Act 2002、以
下、2002年法）である。この法律においては、言語能力及び連合王国の政治・

社会事情に関する十分な知識を持っていることが帰化の条件として示された（柄谷 2003: 205-206）。また、18 歳以上の者がブリテン又は海外領の国籍を取得するにあたって国籍取得の儀式に参加し、国王に対する忠誠の宣誓に加えて、国民／市民としての誓約を行うことが義務づけられた（岡久 2007: 18-19）。このような制度は連合王国において史上初の試みであり、国籍取得の儀式と宣誓及び誓約（シティズンシップ・セレモニー）は 2004 年 1 月から、言語及び社会の知識に関する試験制度（シティズンシップ・テスト）は 2005 年 11 月から導入されることとなった（岡久 2007: 14）[5]。

　2002 年法の制定にあたっては、2002 年 2 月に白書『安全な国境、安心な避難地：現代ブリテンにおける多様性を伴う統合』が提出され、試験制度の検討にあたっては 2003 年 9 月に報告書『新しくきた人びとと昔からいる人びと：「連合王国における生活」助言グループ報告書』が提出された。以下では、これら 2 つの報告書を手がかりとして、地位としてのシティズンシップである国籍への政策的関心がどのような文脈から生じてきたのかを整理し、国籍にどのような意味づけがなされたのかを明らかにする。

表 4-1　移民・国籍政策の展開（2001 年〜）

年／月	事　項
2001 年 7 月	イングランド北部の都市における暴動
2001 年 12 月	『コミュニティの結束』（カントル報告）
2002 年 2 月	白書『安全な国境、安心な避難地：現代イギリスにおける多様性を伴う統合』
2002 年 4 月	国籍・移民及び庇護法案（Nationality, Immigration and Asylum Bill）の提出
2002 年 9 月	「連合王国における生活」助言グループの設置
2002 年 11 月	国籍・移民及び庇護法（Nationality, Immigration and Asylum Act 2002）の成立
2003 年 9 月	『新しくきた人びとと昔からいる人びと：「連合王国における生活」助言グループ報告書』
2004 年 1 月	国籍取得の儀式と宣誓及び誓約（シティズンシップ・セレモニー）開始
2004 年 12 月	『連合王国における生活』（試験問題に関する冊子）発行
2005 年 11 月	言語及び社会の知識に関する試験制度（シティズンシップ・テスト）開始
2007 年 3 月	『連合王国における生活』[第 2 版] 発行

出典：岡久（2007）を参照し、筆者作成。

(1) 白書『安全な国境、安心な避難地』(2002 年)

　ブランケット内務大臣のもとで、白書『安全な国境、安心な避難地：現代ブリテンにおける多様性を伴う統合』(Home Office 2002、以下、白書) が 2002 年 2 月に提出された[6]。白書では、国籍・移民・庇護政策の包括的システムについて検討がなされている。白書は 8 つの章で構成されている。それぞれのタイトルは、「第 1 章：導入と概説」、「第 2 章：シティズンシップとナショナリティ」、「第 3 章：連合王国における労働」、「第 4 章：庇護」、「第 5 章：不正への対処——人身売買、不法入国、不法就労」、「第 6 章：国境管理」、「第 7 章：結婚／家族の訪問、戦争犯罪人」、「第 8 章：結論」である。以下では、主として第 2 章の議論に着目する (以下、括弧内は白書の引用頁あるいはパラグラフ番号を示す)。

　白書においては、国籍・移民・庇護政策が直面する主要な問題を明らかにし、一貫した方策をとるための手段を提示することが目指されていた。その背後にはグローバル化にともなって移民のパターンがますます複雑化し、文化的、経済的、社会的課題が生じているという認識があった (p. 9)。

　まず、白書においては誰を対象とした提言がなされているのかを確認しておきたい。教育政策との関連において「シティズンシップが共通カリキュラムの不可欠の部分として学校で教えられている」ことに触れつつ、「シティズンシップはこの国に入国する人びとだけのものではなく、すべてのブリテン国民 (British citizen) のためのものである」と述べられている (p. 10)。ここでは移民とブリテン国民という異なる対象が示されていると同時に、地位としてのシティズンシップと実践としてのシティズンシップが区別なく言及されている。すべてのブリテン国民がもつべきシティズンシップについての言及がなされているものの、白書において重視されているのは「ここに住む人びと」、それもまだブリテン国籍 (British citizenship) をもたない人びとである (Para. 2.1)。

　それでは、これらの人びととはなぜシティズンシップを取得しなければならないのか。白書においては、連合王国に居住してすでに一定の権利を享受している人びととはブリテン国籍を取得することで、それに伴う「責任」も引

き受けるべきであるとする (Para. 2.4)。また国籍取得に付随する、権利と義務についての理解が民主的な過程への積極的な参加を促し、より広いコミュニティへの帰属感を高めることに寄与するとしている (Para. 2.1)。このように、国籍取得と権利及び義務や責任とが結び付けられ、またそれが人びとの参加を促すことにつながるとみなされている。

白書においては、しばしば「国籍を取得することが、ブリテンのパスポートをもつことと同義だとみなされている」ことに対して、「ブリテン国民になることの価値と重要性をこれまで以上に強調する」(Para. 2.1) 必要性を指摘している。つまり、これまでの国籍取得のプロセスは、単なる「官僚主義的な」(p. 11) プロセスに留まっていたが、それをより意味あるものとする必要があるという。そこで提案されるのがシティズンシップ・セレモニーである。セレモニーは帰化の価値を高めることにおいて重要な影響をもたらしうるとされている (Para. 2.19)。

加えて、国籍とナショナルアイデンティティの関連についても言及がなされている。移民がもたらす課題は「私たちのナショナルアイデンティティとシティズンシップに対するものである」(p. 9) とされ、さらに、連合王国は「〔移民がもたらす〕多様性にうまく対応してきた。他の多くの国と異なり、ブリテンの国籍は特定のエスニック集団の成員資格と結びついてこなかった」と述べられている。また「同様に、私たちの社会も主流の単一文化への同化ではなく、文化的多様性を前提としている」とし、ブリテン国籍や社会の肯定的側面について述べられている。その一方で失敗している側面もあるとし、2001 年にイングランドの北部で生じた暴動のように「分断されたコミュニティ、共通の価値や共有された市民的アイデンティティの欠如」がみられるとし、「連合王国における社会的統合と結束 (cohesion) を確かなものとするためにはシティズンシップが真に意味することをしっかりと理解する必要がある」という (p. 10、〔 〕内引用者)。すなわち、シティズンシップ (= 国籍) の取得に付随する権利及び義務について理解することが民主的な過程への積極的な参加を促し、より広いコミュニティへの帰属感を高めることに寄与するとし、そのための一つの方法として「ブリテン国民になることの価値と重要性

第4章　連合王国における共生に向けたシティズンシップ　139

をこれまで以上に強調する」(Para. 2.1)ことが述べられている。シティズンシップの重要性を高めるための提案としては、「〔国籍〕取得の過程を迅速化すること」、「言語の講習とシティズンシップ教育の推進によって、人びとが〔国籍の取得に向けて〕備えること」、「シティズンシップの取得を祝福すること」、「シティズンシップの剥奪の方法を改めること」、「国籍法の改革」(Para. 2.8、〔　〕内引用者)が挙げられている。

　ただし、これまでもそうであったように、共通のシティズンシップをもつことは単一のアイデンティティをもつことを意味するわけではないとされている。「共通のシティズンシップは文化的な単一性〔を意味するの〕ではなく、また偏狭で時代遅れの『ブリテン人(British)』についての見方から生まれるものでもない。政府は、移民が連合王国にもたらした文化的多様性の豊かさを歓迎する。私たちの社会は多文化的であり、多様な人びとによってかたちづくられてきた。ブリテンのシティズンシップは〔人びとの〕背景、文化、そして信仰の多様性を積極的に支持するものであってほしい。そして、これが21世紀のブリテンの一つの特徴なのである」(Para. 2.2、〔　〕内引用者)とし、人びとのもつ文化的多様性はシティズンシップの前提となるべきことが示されている。

　このように白書では、国籍の取得によって権利と義務に関する理解を深めることで人びとの民主的参加が促されることを期待していた。また、共通のシティズンシップをもつこと、すなわちブリテン国民となることの価値を高めることをねらいとしていた。ただしそれは、ブリテン人という単一のアイデンティティをもつことではないことが強調されていた。

　白書の提出後、同年4月には国籍・移民及び庇護法案(Nationality, Immigration and Asylum Bill)が提出され、11月に2002年国籍・移民及び庇護法が成立した[7]。

(2) 報告書『新しくきた人びとと昔からいる人びと』(2003年)

　2002年国籍・移民及び庇護法によって導入されることになった言語及び連合王国についての知識に関する試験制度(シティズンシップ・テスト)の実施について検討するために、2002年9月にブランケット内務大臣によって「連

合王国における生活」助言グループ（‘Life in the United Kingdom’ Advisory Group）が設置され、クリックが助言グループの議長を務めた。2003年9月に『新しくきた人びとと昔からいる人びと：「連合王国における生活」助言グループ報告書』（Home Office 2003、以下、報告書）が公表され、社会に関する知識と言語能力の試験についての提案がなされた。この試験の内容は、ブランケットとクリックをはじめとして教育学者が中心となり検討が進められたことに特徴がある。

報告書は9つの章で構成されている。それぞれのタイトルは、「第1章：諸問事項・作業過程・背景」、「第2章：目的と仮説」、「第3章：実践的な学習プログラム」、「第4章：すべての人のための『連合王国における生活』に関するハンドブック」、「第5章：帰化のための言語と試験」、「第6章：メンターとコミュニティへの参加」、「第7章：帰化の儀式とその後」、「第8章：実施」、「第9章：新たな権威――助言委員会」である。以下では、主として「第2章：目的と仮説」の議論に着目する（以下、括弧内は報告書のパラグラフ番号を示す）。

白書と同様に報告書においてもシティズンシップはすべての人にかかわるものとして捉えられており、シティズンシップ教育政策への言及がみられる。例えば、「帰化要件に対する問いは、参加的なシティズンシップとコミュニティへの参加を促進する公共政策の目的と切り離されてはならない。イングランドの学校においては共通カリキュラムの教科としてシティズンシップ〔教育〕が設定され、ウェールズや北アイルランドのカリキュラムにおいても取り入れられている。スコットランドのカリキュラムにおいても新しい教科横断的な取り組みが始められた。〔…略…〕法によって定義される国籍としての『シティズンシップ』と公的生活への参加としての『シティズンシップ』という2つの意味は相互に補い合うものである。多文化社会において、新しい市民は行動的な市民（active citizen）とならなければならない」（Para. 2.3、傍点及び〔　〕内引用者）としている。ここでは白書とは異なり、地位としてのシティズンシップ（＝国籍）と実践としてのシティズンシップ（＝参加）が区別された上で、両者が相補的な関係にあることが示されている。ただし、報告書のタイトルにもあるように、実際に念頭に置かれているのは連合王国への新規

入国者（新しくきた人びと）とすでに定住している人（昔からいる人びと）である（Para. 2.1）。報告書における関心は、白書と同様に国籍を有していない人に向けられているといえるだろう。

　国籍を取得することの意義については、報告書では白書と同じような課題が示されている。「グレートブリテン及び北アイルランド連合王国の国民（citizen）になることは、よくある普通のことなのではない。それは人生における重大な出来事である。〔…略…〕私たちの課題は、新しくきた人びとと昔からいる人びとにとってブリテン国民（citizen）という地位とその重要性を高めることである」という（Para 2.1）。

　報告書においてはさらに、「ブリテン人とは誰か？」という問いについて考察されている。例えば、「ブリテン人とは誰なのか？長い期間にわたって連合王国はイングランド、北アイルランド、スコットランド、ウェールズからなる複合的ネイション国家（multinational state）であり、そしてまた多文化社会であった。多文化社会とは何を意味しているのか？私たちは多文化社会を多様な文化やアイデンティティ〔をもつ人びと〕によって成り立つ社会だと考えている。そしてお互いに関わりあい、尊敬、理解、寛容とともに相互に学びあう継続的な過程の必要性が強調される社会でもある」（Para. 2.6、〔　〕内引用者）として、多文化的なアイデンティティによって社会が成り立っているという認識が示されている。ここでは同化は否定的に捉えられており、「ブリテン人であることは、共通の文化への同化によって本来のアイデンティティを失うことを意味しない」（Para. 2.8）ということが強調されている。

　それに代わって示されるのが、次のような考え方である。「ブリテン人であることは、次のことを意味しているように思われる。法の遵守、選挙によって選ばれた議会と民主的な政治構造、相互寛容の伝統的価値、平等な権利の尊重とお互いへの関心。そして、（一般的に王（the Crown）によって象徴される）国家への忠誠とその見返りとしての保護。ブリテン人であることとは、異なるネイションや文化に属する私たちすべてを、平和で法的な秩序のもとにつなぎとめる包括的で具体的な機構、価値、信条、伝統を尊重することである」（Para. 2.7）としている。さらに「よきシティズンシップとは私たちが集団とし

て相互にどのように振る舞うかということに関するものであり、そのことが私たちを結びつけるのである。それはネイション、エスニック、宗教を優先させることや、歴史についての特定の解釈を主張するものではない」(Para. 2.10)と述べている。つまり、ブリテン人というのは特定の文化的アイデンティティをもつことを意味するのではなく、「包括的で具体的な機構、価値、信条、伝統を尊重すること」を意味するのである。ここで見逃せないのは、国籍に関する封建的な見方が維持されていることである。すなわち、国籍を取得することは「(一般的に王 (the Crown) によって象徴される) 国家への忠誠とその見返りとしての保護」の関係に入ることであり、そのために宣誓及び誓約が必要となるという点である (Para. 2.7)。

　以上のように、報告書の関心は国籍と参加を結びつけることによって、市民的統合の核となるような価値としてのシティズンシップを追求することにあった。2002 年の白書で提案された「ブリテン国民になることの価値と重要性をこれまで以上に強調する」ことは、権利や責任についての認識をもたらすという意味で、人びとの社会参加を促すための望ましい選択であると考えられたのである。一方で、ブリテン国籍の価値を高めるという目標は、それを有する「私たち」とは誰か、という「成員の境界」に関する議論を呼び込むことになった。この点に関しては、国籍とアイデンティティとの関係が注意深く区別して論じられていた。つまり、国籍を取得するということは(王への忠誠を意味する一方で)、人びとがもつアイデンティティの多様性を維持することとは矛盾しないということである。移民政策をめぐる議論は、これまで連合王国において結びつけられることのなかった国籍と参加というシティズンシップの 2 つの要素を結びつける端緒となったと考えられる。

(3)『連合王国における生活』

　報告書の提出を受け、シティズンシップ・テストに関しては『連合王国における生活：シティズンシップへの旅』という冊子が内務省から発行されている (Home Office 2004; 2007)。試験問題は基本的にこの冊子から出題されることになっており、その内容は 9 章から構成されている。

2004 年に初版（Home Office 2004）が出版され、2007 年に第 2 版（Home Office 2007）が出版された。第 2 版の章構成は、「第 1 章：連合王国の成り立ち」、「第 2 章：変わりゆく社会」、「第 3 章：連合王国の今」、「第 4 章：連合王国における統治」、「第 5 章：日々の必要」、「第 6 章：雇用」、「第 7 章：法を知る」、「第 8 章：緊急時の連絡先」、「第 9 章：よりよいコミュニティを築く」である。これらの章構成には「ブリテン」という言葉は含まれておらず、連合王国という枠組みが強調されていることに注目しておきたい。

第 2 節　地下鉄・バス同時爆破事件とカリキュラム見直しの要請

中等教育段階（KS3-4: 11~16 歳）の共通カリキュラムの見直しは 2005 年 5 月に開始され、資格・カリキュラム機構（QCA）が中心となって作業をすすめていた。教育技能省（DfES）が示した見直しの方向性は、①学校が学習者個人のニーズを満たし、長所を伸ばせるようにカリキュラムにより柔軟性をもたせること、② KS2 から KS3、そして KS4 へと学習における効果的な発展を確かなものとするためにカリキュラムに一貫性をもたせること、③ KS3 の基礎教科についての教員の成績評価の専門性を高めることにあった（QCA 2007b: 3）。

シティズンシップ教育の共通カリキュラムの見直しについては、2005 年 7 月に起きたロンドン地下鉄・バス同時爆破事件が議論を開始する一つの契機となった。この事件はブリテン生まれのムスリム青年による犯行であったことが社会に大きな衝撃を与え[8]、これまでの社会統合政策のあり方に対して疑問が投げかけられることとなった（Grillo 2010）。このときブリティッシュネスについて積極的に発言した政治家の一人がゴードン・ブラウン（Brown, Gordon）である。後に改めて取り上げるが、ブラウンが 2006 年 1 月にフェビアン協会において行ったスピーチ「ブリティッシュネスの未来（The Future of Britishness）」はその後もメディアを通じて頻繁に議論されることとなった（Maylor *et al.* 2007: 132）。

高等教育・生涯学習担当大臣であったビル・ラメル（Rammell, Bill）は 2006

年5月に同時爆破事件への応答としての政府の行動計画に関するスピーチ「コミュニティの結束」[9]を行い、ムスリムやその他のコミュニティについて言及するとともに、シティズンシップ教育の共通カリキュラムの見直しについても明らかにした。スピーチにおいては、カリキュラムの見直しについて次のように述べている。

> 「すべての段階で、教育は積極的な役割を担っている。それは、偏見を打破すること、個人間やコミュニティ間に理解を促すこと、恵まれない集団をエンパワーすること、開かれた言論と敬意をもった議論を促進することである。これは宗教に関する問題についてのみ言えることではない。人生の早い時期から開始されなければならない、社会の豊かな多様性を反映した学びであると思っている。そのため、キース・アジェグボによって、すべての児童生徒のニーズに合うように、多様性の問題を共通カリキュラムにどのように含めるのかについての検討が行われることを発表することを喜ばしく思う。その検討においては、近代ブリテン文化社会史 (modern British cultural and social history) を中等学校のシティズンシップ教育のカリキュラムにどのようにして組み入れることができるのか、ということについても検討する。」(Rammell 2006)

　このように、シティズンシップ教育のカリキュラムの見直しは、爆破事件に対する政府の応答という文脈で発表されることとなった。ラメルのスピーチにおいて共通カリキュラムの見直しの項目として挙げられているのは、①共通カリキュラムにおける多様性の問題の扱いと、②シティズンシップ教育のカリキュラムに近代ブリテン文化社会史、つまり歴史学習を組み込むことの2点である。

　スピーチでの発表に伴って、2006年5月に教育技能省 (DfES) は、ルイシャムのデットフォード・グリーン中学校の前校長であるキース・アジェグボ (Ajegbo, Keith) を代表として、「多様性とシティズンシップに関するカリキュラム検討グループ (Diversity and Citizenship Curriculum Review Group)」(以下、検討グ

ループ）を設置した（Maylor *et al.* 2007: 4）。先のクリック報告とは異なり、この検討グループは3名のみで構成されている。アジェグボ以外の検討グループのメンバーは、ロンドン大学バークベック校のシティズンシップ教育担当講師であったディナ・キワン（Kiwan, Dina）[10] と、デットフォード・グリーン中学校の副校長であったシーマ・シャルマ（Sharma, Seema）である（Ajegbo *et al.* 2007: 1）。また、この検討グループを支援するために、教育技能省は文献レビューと事例研究に基づく研究プロジェクトを委託している。同調査研究は2006年6月から11月にわたって行われた（Maylor *et al.* 2007: 4）。

　検討グループへの諮問事項は、次の2点であった。「とくにエスニック、宗教、文化的な多様性の教育について、19歳までのカリキュラムを横断的に見直すこと」と、「シティズンシップ教育については『近代ブリテン社会文化史（modern British social and cultural history）』がシティズンシップ教育のカリキュラムの第4の要素となるべきかどうかを検討すること」（Ajegbo *et al.* 2007: 14）である。先のラメルのスピーチにそったかたちで、検討グループに対しては「多様性のための教育」と「シティズンシップ教育」という2つの主題について諮問が行われた。ここで注意すべきは、多様性のための教育についてはカリキュラム全体の見直しを要請している一方で、シティズンシップ教育に関しては「近代ブリテン社会文化史を第4の要素とするかどうか」という点のみが問われているということである。シティズンシップ教育に関する諮問事項は、ある意味で非常に限定されたものであった。この点については検討グループの報告書において指摘されることになる。

　検討グループは、「政府の大臣、人種平等委員会（CRE）の委員と政策立案者、コミュニティ・ワーカー、教科の専門家（とりわけ、私たちの任務を考慮して歴史、地理、宗教）、教員、大学教員、児童生徒、保護者」（Ajegbo *et al.* 2007: 14）などの幅広い関係者と協議したことを述べている。その詳細については述べられていないが、報告書の中で協議の内容に言及されている。また、報告書には検討グループが聞き取りを行った100以上の政府機関、組織・団体、個人がリストアップされている（Ajegbo *et al.* 2007: 116-118）。

146

第3節　『アジェグボ報告』にみるシティズンシップの定義

(1) アジェグボ報告の勧告——第4の要素の検討

　検討グループを中心とした協議を経て、2007年1月に『カリキュラム・レ
ビュー：多様性とシティズンシップ』(Ajegbo et al. 2007、以下、アジェグボ報告)
が公表されることになる。報告書は4つのパートで構成されている。それぞれ
れのタイトルは「第1部：はじめに」、「第2部：多様性」、「第3部：シティズ
ンシップ」、「第4部：私たちは誰なのか？(Who Do We Think We Are?)」[11]である
(以下、括弧内はアジェグボ報告の引用頁を示す)。

　シティズンシップ教育にかかる検討グループへの諮問事項は「イングラン
ドの中等学校における現在のシティズンシップ教育のカリキュラムに、『社
会的・道徳的責任』、『コミュニティへの参加』、『政治的リテラシー』に続く
第4の要素として、価値やアイデンティティの課題に取り組むために『近代
ブリテン文化社会史(modern British cultural and social history)』を加えるべきか、も
しそうであるべきなら、それはどのようにしてかということについて検討す
ること」であった(p. 77; cf. p. 14)。基本的には、この第4の要素の検討が検討
グループの主要な議題であったといえるが、アジェグボ報告においてこの諮
問事項はより広い文脈に位置づけられることになる。

　まず、アジェグボ報告においては、シティズンシップ教育について諮問事
項以外も視野に入れた検討を行う必要があることを次のように提起する。「現
在のシティズンシップ教育のカリキュラムに第4の要素として『近代ブリテ
ン文化社会史を加えるべきかどうか、もし加えるならそれはどのようにして
か』ということについて考えるためには、カリキュラムの中で比較的新しい
法令教科であるシティズンシップが直面するすべての困難について考慮する
ことが不可欠であると考える。そのため、関連する証拠として、シティズン
シップにおける標準的な一貫性のある実践についても広く調査した」(p. 79)。
このように、検討グループは新しく共通カリキュラムに導入された教科であ
るシティズンシップ教育の問題全体にアプローチすることを明らかにしてい
る。アジェグボ報告では最終的に「近代ブリテン文化社会史」はシティズン

シップ教育の第4の要素とはならないと結論する。では、なぜそのような判断に至ったのか。

　まず、諸問事項については、次のように解釈し直されることになる。「私たちの役割は、連合王国の文脈の中で、一方において多様性の、もう一方において統一(unity)や『共有の価値』といった、対照的であるけれども相補的なテーマをめぐって、『第4の要素』が児童生徒により明示的な学習の機会を与えるかどうか、与えるならばそれはどのようにしてかということを調査することである。私たちはまた関連する政治的な展開についての理解を通して、児童生徒の理解や『シティズンシップの思考(citizenship thinking)』を促進するような、明確な情報に基づき、文脈化されたさらなる要素の重要性について探究してきた」(p. 89、傍点引用者)。

　このように、シティズンシップ教育の第4の要素の検討にあたっては、それが提起された背景として連合王国において「多様性」と「統一や『共有の価値』」をめぐる問題が存在していることを踏まえ、それらの課題に対して「近代ブリテン文化社会史」を学習することが果たして効果的であるのか、という点から検討が行われることになる。

　審議の過程においては、「シティズンシップ教育のカリキュラムは明示的に個別の第4の要素を付け加えることなしに、すでに『近代ブリテン社会文化史』(ママ)の問題に取り組む余地があるということ」(p. 89)、また、「クリック報告において、アイデンティティ、多様性、共有の価値といった諸課題に取り組むための学習プログラムによってその学習内容の領域がすでに提示されている」(p. 94)ことが指摘されている。

　その一方で、アジェグボ報告では、「〔クリック報告で示された〕『深入りしない(light touch)』アプローチは、これらの問題領域が寄せ集めのものになり、その扱いが個別の教員の意志や自信、関心によって左右されていたことを意味するという。さらには、アイデンティティや多様性の問題は、(法的、政治的な制度についての)政治的理解や積極的な参加に明確に関連させられていなかった」(p. 89、〔　〕内引用者)と指摘する。つまり、これまで「多様性やアイデンティティ」の問題がシティズンシップ教育で十分に扱われてこなかっ

たのは、そのアプローチに原因があるということを主張しているのである。また、シティズンシップ教育が導入された 2002 年当時は、概して若者の政治的無関心への取り組みに焦点化しており、多様性、「人種」[12]、移民の問題は、シティズンシップ教育の目的と十分に関連させられていなかったと指摘している (p. 90)。しかし、シティズンシップ教育の目標が過去 5 年間でアイデンティティと多様性の課題に推移してきている[13] と述べ、その要因として「近年におけるアイデンティティと多様性とのより明確なつながりは、内務省の新しい立法の結果である」(p. 90) という点を指摘している。これは、カリキュラム見直しの政治的文脈として言及されていた 2002 年の移民法改正を指している。

　このような展開も踏まえ、報告書では次のような結論が導かれることになる。「子どもや若者に包摂的な (inclusive) シティズンシップの概念を発達させようとすれば、アイデンティティと多様性の課題に明確に取り組むことは不可欠である。本来、市民と社会との関係においてはアイデンティティ、もしくは帰属意識が機能している。つまり、市民が社会に参加しようとする動機は彼らが参加している文脈への帰属意識、あるいは『自己同一化 (identification)』に必然的に基づいているのである。私たちは、シティズンシップの文脈におけるアイデンティティと多様性の課題の理解においては、政治的、そして歴史的なレンズを通してのアプローチが最善であると主張する」(p. 95、傍点引用者)[14]。すなわち、シティズンシップ教育において参加を強調するだけでは不十分であり、社会参加を促すためには、その社会への帰属意識や自己同一化が必要となることを主張している。また、そのようなシティズンシップを「包摂的なシティズンシップ」と呼んでいる。

　ここで、歴史を重視する理由としては次のように述べられている。「どのようにして連合王国が成立したかを理解することなしに権限委譲について判断することは困難である。移民について、数世紀にわたって移住してきた人びとについてのある程度の知識なしに適切に議論できるだろうか？私たちは、シティズンシップ教育が歴史教育と融合すべきだとは主張しない。しかし、私たちは、関連のある歴史的文脈についての正しい理解を発達させることが、

今日の連合王国の市民（a citizen of the UK）であることの意味を理解するために不可欠であると強く主張する」(p. 96)。このように、歴史学習についてはシティズンシップ教育の一つのアプローチとして提示されることになる。

　このようにして、アジェグボ報告においては最終的に「『アイデンティティと多様性：連合王国における共生（Identity and Diversity: Living Together in the UK）』という新しい要素を設定するべきである」(p. 96) という勧告を行うことになる。

　この第4の要素は3つの概念を伴っているという。それは、「a. エスニシティ、宗教、『人種』についての批判的思考」、「b. 政治的問題と価値との明確な関連」、「c. シティズンシップについての現代的な諸問題に関する意見を導き出すために、教授法として現代史（contemporary history）を用いること」(p. 97) である。さらに、次の5つの領域を含むように勧告している。それは、「d. 連合王国がイングランド、北アイルランド、スコットランド、ウェールズからなる『複合的ネイション』国家（'multinational' state）であることについての文脈化された理解」、「e. 移民」、「f. コモンウェルスと帝国の遺産」、「g. 欧州連合」、「h. 参政権の拡大（例えば、奴隷制度の遺産、普通選挙権、機会均等法）」(p. 97) である。連合王国における現代的な諸問題について考察するためには、国内の多様性に関連する事柄である、連合王国の成り立ちや移民について理解することが必要であり、また、他の国との関係として、帝国やコモンウェルス、欧州連合についての学習が必要となることを勧告した。

　諮問事項においてシティズンシップ教育の第4の要素として近代イギリス文化社会史が挙げられたことから、当初は歴史学習を通じた共通の歴史観の涵養、そしてそれを通じた共通の価値観の形成という政策的意図があったことがうかがえる。しかし、アジェグボ報告においては連合王国内の多様性を認めながらも、まとまりをどのように創り出すかという点から第4の要素について検討し、参加を促すために子どもたちの多様なアイデンティティに目を向ける必要性を強調した。最終的には歴史学習ではなく、批判的思考を伴った歴史的アプローチが提唱された。その主眼は、連合王国に生きる人びとや子どもたちの多様なアイデンティティを歴史的な視点から理解すること

にあった。つまり、シティズンシップ教育を通じて共通の歴史観を涵養することよりも、子どもたちの多様なアイデンティティを歴史的な視点から理解した上で参加を促し、まとまりを創出しようという方向性が提示されているといえる。

　アジェグボ報告作成の中心メンバーの一人であった研究者のディナ・キワンによれば [15]、彼女がこの報告書におけるシティズンシップ教育に関する理論的な枠組みを担当したという。彼女はメンバーとともに数ヶ月にわたる報告書作成に向けた話し合いをする中で、シティズンシップ教育に近代ブリテン文化社会史をどのように組み込むのかという諮問事項を解釈し直し、「アイデンティティと多様性：連合王国における共生」を新たな要素とすることを提起したという。

(2) シティズンシップ教育と多様性のための教育

　シティズンシップ教育の第4の要素の検討においても言及されていたように、アジェグボ報告において重視されているのは、諮問事項で示された2つの主題である「多様性のための教育」と「シティズンシップ教育」を結びつける視点である。アジェグボ報告においては、次のように述べられている。「多様性のための教育とシティズンシップ教育との関連は明確である。私たちは連合王国の人びとの多様な文化や背景を理解し賞賛する必要がある一方で、行動的な市民や変化の行為者として私たちを結びつけているものを知る必要がある。多様性〔のための教育〕は、しばしば教育において必須の領域として認識されてきた。そして、シティズンシップの概念は、多様性の実質的な理解抜きには不完全である。国境がさらに曖昧になり、グローバルなシティズンシップがますます不可避となる21世紀の世界に向けて子どもたちや若者が準備するために、多様性のための教育は重要となる」(p. 21、〔　〕内及び傍点引用者)。

　このように、一方で人びとの多様性を認める必要があることを指摘しつつ、もう一方でシティズンシップ、つまり、「私たちを結びつけているもの」を重視することが必要であると述べている。さらに重要なのは、シティズンシッ

プの概念が「多様性の実質的な理解」と相補的な関係として捉えられているということである。アジェグボ報告で目指されたのは個人のもつ多様なアイデンティティを尊重しながら、市民としての共通性を模索するという方向性である。さらに「私たちを結びつけているもの」が潜在的に、すでに存在するものとして設定されていることに着目したい。このような意味でのシティズンシップは、これから身につけるべき資質としてのシティズンシップとその捉え方が異なっていると考えられる。このように、連合王国に住む人びとの多様なアイデンティティを認識しつつ、参加を促すことによって連合王国に共に生きる「市民としての紐帯」を見出すことが重視されているといえる。

このことから、アジェグボ報告では「人びとの多様性」と「私たちを結びつけるもの」をどのように両立させるのかということが一つの課題となっている。この点についてアジェグボ報告においては、「変わりゆく連合王国のあり方と現在生じている潜在的な緊張は、コミュニティの結束、差異を認めるように学校において相互理解を促すこと、私たちを結びつけているものが児童生徒の思考やふるまいの一部となることを理解することに向けてこれまで以上の圧力をもたらしている」(p. 16,〔 〕内及び傍点引用者) と述べている。また、「多様性とシティズンシップのカリキュラム・レビューは、今日の連合王国における『人種』、宗教、文化、アイデンティティ、価値をめぐる問題に、すべての児童生徒のニーズに合うような方法で連合王国の社会が取り組むかどうかという議論の高まりに応えるために委任された。私たちは個人として、国民 (a nation) として、互いの差異を尊重し、共通性 (commonalities) を築くのか？私たち自身の、そして他人の独自のアイデンティティを承認するのか？市民になるとはどういうことか、また連合王国で生活するとはどのようなことかについて、私たちは本当に理解しているのだろうか？さらに重要なことは、すべての子どもたちと若者に対して彼らの成長と社会の未来のために、多様性とシティズンシップの課題に向き合う必要のある教育を保証しているのだろうか？連合王国が21世紀において結束した社会 (cohesive society) でありたいのなら『多様性のための教育』は重要である」(p. 16) と述べている。さらに、これまでも連合王国は多様性を抱えていたことに言及しつつ、「連合王国の

社会は多くのエスニシティ、文化、言語、宗教で成り立っており、それは常に発展している。連合王国は文化やエスニックの多様性という豊かな遺産をもち、幾世紀にもわたってそれを生み出してきた。しかし、私たちが話をしたかなり多くの人びとが、私たちの生きる世界の複雑さ、そして子どもたちの多くのアイデンティティ（many identities）の複雑さについて議論した。違いと共通性（disparity and commonality）、どのように共生するかという課題に取り組む道徳的責務（moral imperative）が生じている。すべての子どもたちと若者が、学校における公的な、及びインフォーマルなカリキュラムを通じて、今日の連合王国に生活する人びと、彼らがなぜここにいるのかということや、彼らが貢献できることについて真に理解することは欠かせない」（p. 16）としている。このように連合王国には多様性をめぐる問題が存在する中で、どのようにお互いの共通性を見出して共に生きていくのかということが課題として提示されているといえる。

　アジェグボ報告においては連合王国における人びとの多様性を社会の前提条件とみなしている。そのため、連合王国に関する歴史的な展開に言及し、移民が多く流入する中で発展してきたということが強調されている。例えば、「連合王国は文化やエスニックの多様性という豊かな遺産をもち、幾世紀にもわたってそれを生み出してきた」（p. 16）という認識や、また、「連合王国は、歴史的に複合的ネイション国家（multinational state）であり、そして複数エスニック国家（polyethnic state）であった。数世紀の間、連合王国の人口は多様なエスニックや宗教集団の大規模な移動を伴って周期的な流動状態にあり、特に第二次大戦後には多数の移住があった。さらに、連合王国に居住している人の多くは、世界中のどこかにそのルーツをもっている」（p. 16）という認識が示されている[16]。

　このような認識に立った上で、アイデンティティについては次のように捉えている。「私たちには、アイデンティティの複数性（multiplicity of identities）がある。それらは相互に対立するかもしれないが、最終的には私たちを個人として結びつける。例えば、ある女性は自分自身を『娘』、『母』、『ジョーディ〔北イングランド・タイン川流域の人〕』、『北部生まれ』、『イングランド人』、『ブ

リテン人』、『ヨーロッパ人』、『グローバル』であると認識するかもしれない」
(p. 29、〔 〕内引用者) と述べ、どれか一つの側面からのみ判断しないことが重
要であることを指摘している。また、どれか一つの側面に着目されることに
よって、ステレオタイプ化されやすいと警告している (p. 29)。

(3) ブリティッシュネスと共有の価値

　先に述べたように、シティズンシップ教育の共通カリキュラムの見直しは
2005 年 7 月に起きたロンドン地下鉄・バス同時爆破事件の後、ブリティッシュ
ネスへの関心が高まる中で進められた。シティズンシップ教育がブリティッ
シュネスと関連づけられるようになるきっかけは、ゴードン・ブラウンのス
ピーチ「ブリティッシュネスの未来」(Brown 2006) である。以下では、ブラウ
ンのスピーチにおいて提起される「共有の価値」に着目してその内容を整理
した上で、アジェグボ報告でどのような応答がなされたのかを示す [17]。

　まず、ブラウンは「ブリティッシュネス」について論じる背景として、ブ
リテンが次のような課題に直面していると指摘する。それは、「欧州、アメ
リカ、その他の世界と私たちの関係、グローバル化に向けてどのように備え
るのか、憲法改革の将来的な方向性、シティズンシップの現代的な認識、地
方政府の将来や地域主義 (localism) という考え方、そしてもちろん、コミュニ
ティの間の関係と多文化主義、そして 7 月 7 日以降は、多様性と統合 (diversity
and integration) のバランス、さらには公的サービスの形態」(Para.1) であるとい
う。このような課題を抱える中で、「ブリテン人であること (being British) の意
味、ブリテン人であることの何を価値づけるのか、どのようなことが、ネイ
ション (a nation) として私たちに目的を与えるのかについての明確な見解をも
たなくてはならない」(Para.1) と述べている。

　ここで挙げられている課題については、その後も引き続き言及されるが、
多様性と統合の問題については同時爆破事件との関連において次のように述
べられている。「7 月 7 日の出来事へのブリテンの応答は堂々としていた一
方で、コミュニティに統合しているかのようにみえた〔が、実際にはそうで
はなかった〕ブリテン生まれのブリテン国民 (British citizens) が存在したという

気詰まりする (uncomfortable) 事実に向き合わなければならない。彼らは、宗教に関わりなく仲間であるブリテン国民を傷つけ殺すための準備をしていた。このことは私たちを次の問いに導く。社会において、多様性へのニーズと統合の要求とのバランスをとることに、私たちはどれほど成功していたのか、と」(Para. 7、〔 〕内引用者)。

また、連合王国におけるアイデンティティの多元性については、「連合王国としてのまとまり (unity) とその構成地域をみてみれば、それはさまざまなネイションからなる国 (a country of different nations) であり、そのため、多元的なアイデンティティ (plural identities) が存在している。ウェールズ人は、ウェールズ人でありブリテン人である。同じように、コーンウォール人は、コーンウォール人であり、イングランド人であり、ブリテン人である」(Para. 5) と述べている。続けて「人びとが不安になるときには、19世紀における血統、人種、植民地という発想に由来する、より排他的なアイデンティティに後退する危険が常にともなう。そうではなく、私たちブリテンの人びと (British people) は、それぞれの地域を合わるよりも偉大なブリテン人のアイデンティティ (British identity) 及び私たちが共有する価値 (the values we share) とその価値が歴史や制度を通して表現されることによる強固な団結を讃えることによって偉大な強さ (great strength) を得ることができるようにすべきである」(Para. 5) とし、地域的なアイデンティティに言及しながらも、排他的なアイデンティティではない「ブリテン人」としてのアイデンティティに着目することで、より強固なまとまりが生み出されるということを強調している。

さらに、ブラウンはブリティッシュネスを定義するものとして共有の価値に着目し、次のように述べる。「私たちはブリティッシュネスを支えるものを明確にしているのか、また現代世界においてブリテン人であることの意味を定義する共有の価値——肌の色ではなく、変化せず、また変更できない制度ではなく——を明らかにしているのかということを論じなければならない」(Para. 8)。加えて、「将来に目を向け、グレートブリテンとしての成功を論じたいのであれば、〔…略…〕私たちを結びつけ、共通の目的を与えるような共有の価値 (the shared values) を、私たちの歴史から再発見し、構築し、そ

して応用することが要求される」(Para. 10、傍点引用者)という。

　では、共有の価値とは何を意味するのか。ブラウンはブリティッシュネスを支える共有の価値として自由、責任、公正に言及している。「現代の進歩的なブリティッシュネスの考え方は〔…略…〕利己的な個人主義への後退ではなく、エンパワーメント概念を導くものとしての自由(liberty)、パターナリズムへの後退ではなく、強固な市民社会への参加としての責任(responsibility)、法の下の形式的な平等ではなく、すべての人びとの平等な機会を促進するという信条としての公正(fairness)」(Para. 40)に基づくという。

　このようにブラウンの提示するブリティッシュネスは共有の価値によって定義づけられるものであり、その価値とは自由、責任、公正であるとされる。ここでは「ブリティッシュネスを論じること」と「共有の価値を論じること」がほぼ同義となっている。さらに、「共有の市民的価値(shared civic values)は、私たちを結びつけるものであるだけでなく、ネイション(a nation)としてのパトリオティックな目的を与える」(Para. 41)と述べていることから、これらの価値が「市民的なもの」であることを示す一方で、ブリテンのナショナルアイデンティティと結びつけようとする意図がみられる。

　ブラウンの主張において興味深いのは、このような価値がブリテンの歴史的展開において重視されてきたことを強調している点である。これらの価値の重要性は歴史的な出来事とともに示されている。例えば自由に関する歴史的出来事として、奴隷貿易の廃止やファシズムへの抵抗が挙げられている(Para. 28)。

　それではブリティッシュネスとシティズンシップ教育はどのように関連づけられるのか。ブラウンは「自由、責任、公正というブリテンの価値(British values)への関与は、シティズンシップについて真剣に取り組むことを意味する」(Para. 75)と述べ、ブリテンの価値とシティズンシップを関連づける。その上で、シティズンシップ教育と歴史の関連を強調することになる。「私たちは国民史(national history)から逃げるべきではない。それどころか教育の中心に据えなければならない。ブリテン史(British history)はカリキュラムにおいてより重視されるべきである。それは日時、場所、名前、関連のない事実で

はなく私たちの歴史を包み込む物語である。さらに、シティズンシップは〔歴史との〕関連性をもって教えられていないため、現在のカリキュラム改訂作業においてシティズンシップ教育と歴史をより緊密に関連させることを考慮しなければならない」(Para. 92、〔 〕内引用者)という。

　ブラウンは、シティズンシップ教育と歴史によって意義づけられる共有の価値との関連を強調していることが読み取れる。つまり、生徒はシティズンシップ教育においてブリテン史を学ぶことを通してブリテンの共有の価値について学ぶべきであると主張しているのである。このようなブラウンの主張は、シティズンシップ教育の共通カリキュラムの見直しにおいて「近代ブリテン文化社会史」を第4の要素として加えるかどうかという諮問事項に反映されていると考えられる。

　一方で、アジェグボ報告においては、ブリティッシュネスについて論じられてはいるものの、その問題点により焦点があてられているといえる。アジェグボ報告ではブラウンのスピーチに言及し、「彼〔ブラウン〕は、連合王国の政治・法制度を形成してきた価値に関して連合王国の独自性を主張し、このこと〔= ブリテンの価値の独自性〕を文脈化して理解するための歴史の重要性を主張した」と指摘している (Ajegbo *et al.* 2007: 91、〔 〕内引用者。以下、括弧内はアジェグボ報告の引用頁を示す)。しかし、このような政治的文脈を踏まえながらもブリティッシュネスを定義することの難しさとその排他性を問題視している。

　まず、「〔シティズンシップ教育に関する〕協議の始めから終わりまで、シティズンシップと関連するアイデンティティ、多様性、帰属 (belonging)、そして連合王国に生きるという問題への取り組みに人びとの関心が向けられていた。人びとにブリティッシュネスの意味を問うことは、学校や社会のいたるところで活発な議論の引き金となる」(p. 90、〔 〕内引用者)ということが述べられ、人びとの関心が高かったことを示している。「しかしながら、協議を通じて『ブリティッシュネス』を定義すること、用語の特殊性、それがどのようにして他者を排除しうるのかということへの関心が示された」(p. 93)という指摘がみられる。また、「ブリティッシュネス」に関する調査結果を

第4章　連合王国における共生に向けたシティズンシップ　157

引用し、「明らかとなったのは『ブリテン人 (British)』の意味は人によって違っており、法的な地位としてのシティズンシップから文化的アイデンティティや多文化主義への関与といった幅広いものであった。加えて、アイデンティティは一般的に、複合的 (multiple) で多元的 (plural) であると考えられていた」(p. 90) という。このようにアジェグボ報告では、アイデンティティ自体が固定的、一面的なものではないということを主張しつつ、ブリティッシュネスの定義の困難さや他者を排除する可能性を考慮に入れて、この概念を積極的に用いようとはしていない。

　それでは共有の価値についてはどのように論じられたのか。アジェグボ報告においては共有の価値という言葉も注意深く用いる必要があるとしている。「『共有の価値』とは何かということについては多くの議論が存在する。〔例えば、〕それが本当に連合王国に固有のものであるのかどうか、また、それらは他の国々によっても共有されていることに問題があるのかどうかということである。〔「共有の価値」という言葉は〕多様性の表現を受容することについて挑戦的であり疑問を付すため、『共有の価値』という言葉を用いる際には注意深くあらねばならない」(p. 93、〔　〕内引用者) という。その積極的な側面としては、「多様な価値が互いに緊張関係にあるような事例について考えるとき、価値についての議論は生徒にとって興味深いものとなる」とする一方で、「教育ができることとできないことについて現実的であらねばならない」と述べている。過去に学校やコミュニティにおいて子どもたちに促すための中核となる価値に関する全国的な話し合いが行われたが、シティズンシップ教育には何ら影響をもたらさなかったという。具体的には、1996年の「教育とコミュニティにおける価値のための全国フォーラム」[18] で話し合いが行われたことに触れつつも、それは、「2年後のシティズンシップ教育の展開に関して実質的な影響を与えなかった」としている (p. 93)。

　このように、政治的文脈における「ブリティッシュネス」や「共有の価値」に関する議論の高まりの一方で、アジェグボ報告においてはこれらの用語を用いることについて概して消極的な反応をみせていたと指摘できる[19]。

(4) 包摂の境界としての連合王国

アジェグボ報告においては、「ブリティッシュネス」や「共有の価値」の代わりに、「連合王国における生活」という人びとが実際に経験する具体的プロセスに着目することを促している。このときに参照されるのは、シティズンシップの法的地位としての側面である。アジェグボ報告ではブリテンの国籍取得に関する政策[20]を例示し、「〔シティズンシップ・〕テストの問題が出題される『連合王国における生活』というハンドブックと教育技能省によって開発された講習においては、強調点が**連合王国における生活経験**に置かれている。『ブリティッシュネス』という抽象概念よりも近年の歴史との関連が強調されているのである。このことはわずかな違いだとみなされるかもしれないが、前者はより固定的、硬直的、潜在的に排除的であり、後者は実践的、流動的、包摂的である。実際、この語を用いることによって連合王国における生活経験を通じて歴史と帰属意識が文脈化され、より有意義な理解がもたらされるということを強調している」(p. 93、強調原文、〔 〕内引用者) という。

このように、アジェグボ報告ではブリティッシュネスを用いることを避けるために「連合王国」という枠組みを提示し、それを移民法の改正を受けた国籍取得に関する規定から導き出したといえる。さらに連合王国への帰属意識は、共通のナショナルアイデンティティから生み出されるものではないとし、法的な意味での国家との紐帯としてのシティズンシップに焦点をあてている。このようにアジェグボ報告では連合王国という枠組みを意識しながら、またシティズンシップという共通性を強調しながらも、人びとのアイデンティティの多様性を重視している。このことは、報告書全体を通じて「ブリテン (Britain)」ではなく「連合王国 (UK)」という用語を用いていることにも関連していると考えられる。

また、多様性のための教育に関するビジョンにおいても、「地域コミュニティから始まるアイデンティティの探究は、より広い連合王国の社会においても位置づけられる必要がある。最終的には、グローバルな文脈における連合王国の価値を理解できるようにすべきである」(p. 23) とされている。ここでは、同心円状に広がる社会を想定するのではなく、あくまで連合王国が主

要な社会であり、その社会とのかかわりを地域の文脈、あるいはグローバルな文脈で探究するという点に力点が置かれている。

このように、アジェグボ報告ではシティズンシップ教育の第4の要素として「アイデンティティと多様性：連合王国における共生」が提起されたことを始めとして、シティズンシップ教育の基礎となる共同体が連合王国であることが明示された。このことは、第1期及び第2期カリキュラム改革においてシティズンシップの前提となる共同体が明示されなかったこととは対照的であるといえる。このとき、なぜ「イングランド」のシティズンシップ教育政策において「連合王国」に言及するのかという問いが生じる。アジェグボ報告においては勧告が適用される範囲がイングランドであることを断りつつ、連合王国という枠組みに言及している。「諮問事項は『ブリテン（人）の（British）』という言葉を含んでいる。私たちは報告書において『ブリテン（人）の』もしくは『連合王国（UK）』という用語を、連合王国全体のアイデンティティに言及する際に用いている。しかし、諮問事項への勧告は、イングランドの教育において適用される」(Ajegbo *et al.* 2007: 15)。この記述はイングランド以外の地域への配慮とみることができる。

注目したいのは、ブリティッシュネスに関する議論との差異化と同時に、アジェグボ報告によって提起された「包摂的シティズンシップ」という概念によってシティズンシップ教育の基礎となる共同体を明示する必要性が生じてきたということである。以下、検討グループのメンバーであったキワンの議論をもとに検討する。

キワンは包摂的で参加的なシティズンシップを構成する2つの主要な要素として、①「制度的多文化主義（institutional multiculturalism）」の概念、及び②市民―国家間関係（citizen-state relationships）の強調を挙げている (Kiwan 2007a)。まず①については、「『制度的多文化主義』という概念によって、ただ単に、多文化主義が審美的もしくはうわべだけの経験や、あるいは『異なる』文化との出会いであることを意味しているわけではない。それは社会の再構成そのものであり、多様性は『賞賛される』消極的な概念ではなく、むしろ先々の行動を促し（proactive）、構築していくプロセスとして概念化される。それは

個人のレベルだけではなく社会それ自体のレベルにも影響を与える」(Kiwan 2007a: 231) と述べている。ここでは、制度的なプロセスの中で実践される多文化主義を強調している。

次に②については、個人が「国民国家」という法的・政治的枠組みに規定されている状況を重視し、北アイルランドとイスラエルを対象とした研究を引用しながら、分断された社会においては市民と国家の間の強固な「垂直的」関係を発展させることが異文化集団間の「水平的」関係を発展させるよりも現実的であると主張する。そして「制度的多文化主義」は、この垂直的関係を発展させることにつながるとする (Kiwan 2007a: 235)。

②にみられるように、キワンの基本的な立場としては「市民─国家間関係の強調」、すなわち国民国家の枠組みを重視している点を指摘しておきたい。キワンの議論において特徴的なのは、ポストナショナルな状況の出現が指摘される中であっても国民国家の枠組みが強固に存在している点を主張し、そのような「現実」を出発点として議論を組み立てていることである。国民国家の存在を前提とするキワンの議論は、シティズンシップ教育においてもその前提となる政治共同体として「連合王国」を重視する姿勢につながっていると考えられる。その際、連合王国は「複合的ネイション国家 (multinational state)」として提示される (Kiwan 2008: 112)。

キワンが示している方向性は、「ネイション」とそれに基づくアイデンティティの多様性を問題視し、ブリテンの名のもとに一つに統合しようとするよりも、それらの多様なアイデンティティを包摂することが可能な政治制度、すなわち、「ステイト」としての連合王国を重視しようとするものである。このような国家像はアジェグボ報告においても反映されている (Ajegbo *et al.* 2007: 16)。このように、キワンの議論を手がかりとすれば、アジェグボ報告においては、連合王国におけるナショナルアイデンティティをめぐる複雑で論争的な議論を避けながら、統合の基礎としての連合王国という共同体を明確に提示したことが一つの特徴であるといえる[21]。

また、国民国家を重視するという視点から、シティズンシップと人権との差異化についても、クリック報告の視点が引き継がれている。例えば、「『個人』

と『国民 (citizen)』」という項目で、第 2 期カリキュラム改革において示された単元構成例を示し、「人権を有する個人であることと、国民国家の一員であることに基づく権利を有する国民であることの」区別が明確となっていないと指摘している (p. 94)。

第 4 節　共通カリキュラム「シティズンシップ」への反映

(1) 公表までの経緯

　2007 年 1 月にアジェグボ報告が提出された後、同年 2 月から 4 月にかけて資格・カリキュラム機構 (QCA) がカリキュラム見直しのための公式の協議を開き (QCA 2007a)、同年 7 月に改訂版の共通カリキュラム「シティズンシップ」が公表された (QCA 2007c; 2007d)。このカリキュラムは、2008 年 9 月から実施された。第 3 期カリキュラム改革における共通カリキュラムの実施までの経緯について整理したのが**表 4-2** である。

　2005 年に資格・カリキュラム機構が開始した共通カリキュラムの改訂作業は、立案段階と協議段階の 2 つの段階に分けられる。まず立案段階では、後の協議に諮るための学習プログラムの原案作成が行われた。この段階では、教員、関連団体、専門家が教科ごとに定期的に会合を開き、カリキュラムとは何か、何を目的とするのかという点について話し合いが行われた。加えて、若者向けのフォーラムの開催や保護者・学校理事との会合によって 3000 人以上から意見が寄せられた (QCA 2007b: 4)。

　次の協議段階は、法令で定められたものである。この段階では、学習プログラムの原案がカリキュラム改訂の目的である柔軟性や一貫性にどの程度合致していると考えるかについて関係者への意識調査が行われた。ここでも再び会合やセミナー、イベントが開かれ、オンラインでの意見収集も含めて 1 万人以上の意見が寄せられた (QCA 2007b: 5)。

　資格・カリキュラム機構でシティズンシップ教育のカリキュラム担当であったリズ・クラフト (Craft, Liz) によれば [22]、立案段階では学習プログラムの原案を 50 回以上書き直すことになったという。また、協議段階でも教員

162

表4-2 シティズンシップのカリキュラム改訂過程

年　月		事　　項
2005 年		
	5 月	・教育技能省 (DfES) が資格・カリキュラム機構 (QCA) に中等教育段階のカリキュラム見直しを委任。
	7 月	・ロンドン地下鉄・バス同時爆破事件。
2006 年		
	1 月	・ゴードン・ブラウンのスピーチ「ブリティッシュネスの未来 (*The Future of Britishness*)」
	5 月	・ビル・ラメルのスピーチ「コミュニティの結束 (*Community Cohesion*)」。教育技能省 (DfES) が「多様性とシティズンシップに関するカリキュラム検討グループ (Diversity and Citizenship Curriculum Review Group)」を設置。同時に、報告書の作成を支援するための調査研究の実施 (6 月 ~11 月)。
2007 年		
	1 月	・報告書『カリキュラム・レビュー：多様性とシティズンシップ (*Curriculum Review: Diversity and Citizenship*)』(アジェグボ報告)、調査研究『カリキュラムにおける多様性とシティズンシップ：リサーチ・レビュー (*Diversity and Citizenship in the Curriculum: Research Review*)』の提出。
	2 月	・資格・カリキュラム機構 (QCA) による改訂版の学習プログラムと到達度基準に関する公式の協議 (2 月 ~4 月)。
	6 月	・協議に関する報告書 (*Secondary curriculum review statutory consultation report*) の提出。
	7 月	・共通カリキュラム「シティズンシップ」の公表。
2008 年		
	9 月	・共通カリキュラム「シティズンシップ」の実施。

出典：筆者作成。

組合等の 100 以上の関連団体からヒアリングを行っている。クラフト自身、シティズンシップ教育の役割について明確な視点をもっており、若者の批判的な参加を促すことが重要であると考えていた。

(2)「シティズンシップ」(2007 年) への反映

　ここでは、共通カリキュラム「シティズンシップ」(QCA 2007c; 2007d) を取り上げ、アジェグボ報告の内容がどのように反映されているのかをみてい

く。内容の検討に先立ち、改訂された共通カリキュラム全体にかかわる特徴について整理しておく。まず挙げられているのは、その柔軟性である。学習プログラムでは、規定された教科内容がこれまでより少なくなっている。新しい共通カリキュラムにおいては、それぞれの教科の基礎となる重要な概念、プロセスが焦点化される一方で、基本的な知識は維持されているという（QCA 2007e: 4-5）。次に挙げられているのは一貫性である。学習プログラムでは共通の形式として「教科の重要性（importance statement）」、「重要な概念（key concepts）」、「主要なプロセス（key process）」、「範囲と内容（range and content）」が設定されている。さらに、「カリキュラムの機会（curriculum opportunities）」として学習を向上させ、豊かにするための機会を提示している。このような共通の形式によって、教科間の関連がわかりやすくなり、より一貫性をもったものとなっている（QCA 2007e: 4-5）。

　注目すべきは、共通カリキュラム全体の目標として以下の3点が新たに設定されたことである（QCA 2007e: 6）。とくに3点目の「責任ある市民（responsible citizens）」の育成が共通カリキュラム全体の目標となったことが重要である。

①　成功した学習者：学習を楽しみ、向上し、達成する
②　自信を持った個人：安全で健康な満たされた生活を営むことができる
③　責任ある市民：社会に対して積極的に貢献する

　加えて、教科横断的要素（cross-curriculum dimension）として7つのテーマが挙げられている。それらは、「アイデンティティと文化的多様性」、「健康な生活」、「コミュニティへの参加」、「企業家精神（enterprise）」、「グローバルな次元と持続可能な発展」、「テクノロジーとメディア」、「創造性と批判的思考」である（QCA 2009）。このうち「アイデンティティと文化的多様性」については、「アイデンティティと文化的多様性についての学びは、連合王国におけるさまざまなコミュニティやより広い世界において、若者たちが生活し、協力することを助ける」と述べられている（QCA 2009: 10-11）。

　改訂版の共通カリキュラム「シティズンシップ」（QCA 2007c; 2007d）においては、ブリティッシュネスに関する言及はみられない。その代わりに示される

のは、連合王国における多様なナショナルアイデンティティと共有の価値に対する批判的な思考である。

　まず、シティズンシップの重要性については、次のように述べられている。「シティズンシップはさまざまなネイション、宗教、エスニックのアイデンティティ（different national, religious and ethnic identities）を尊重することを促す。そのことによって生徒は多様な考え、信条、文化やアイデンティティ、連合王国の市民として私たちが共有する価値（the values we share as citizens in the UK）を批判的に捉え、そしてそれらを探究することを身につける。〔…略…〕見識をもった批判的で行動的な市民（informed, critical and active citizens）となることを促す」（QCA 2007c: 27-28; 2007d: 41-42.）。

　また、重要な概念として「民主主義と正義」、「権利と責任」、「アイデンティティと多様性：連合王国における共生」が挙げられている。「民主主義と正義」においては、「変容しつつある民主的な社会において、さまざまな信条、経歴、伝統をもつ人びとによって、民主主義、正義、多様性、寛容、尊重、自由がどのように価値づけられているのかを考える」ことが示されている。ここでは価値自体を学ぶのではなく、「価値づけ」、すなわち人びとによる多様な解釈について考えることに主眼が置かれている。

　アジェグボ報告の勧告を受けて取り入れられた「アイデンティティと多様性：連合王国における共生」においては次のように述べられている。「a. アイデンティティは複雑で変化しうるものであり、連合王国の市民であることの意味がさまざまに理解されることによって認識されていることを理解する。／b. 連合王国における多様なネイション、地域、エスニック、宗教などの文化、集団やコミュニティ、またそれらの関連について探究する。／c. 連合王国、他の欧州諸国、より広い世界との間の相互関連を考慮する。／d. コミュニティの結束、及びコミュニティに変化をもたらすさまざまな影響力について探究する」（QCA 2007c: 29; 2007d: 43）。

　このように改訂版の共通カリキュラムにおいてはブリティッシュネスという言葉は用いられておらず、その代わりに連合王国という枠組みが重視されていることに着目できる。これはアジェグボ報告の方向性を踏まえたもので

あるといえる。また、ネイションを含む多様なアイデンティティの存在を尊重すること、共有の価値について批判的に捉えることを提起している。

範囲と内容では、教員が重要な概念や主要なプロセスを教える際に生かすべき教科の広がりについて概説している。ここでも、「シティズンシップは連合王国における共生の政治的、社会的な次元、そして歴史的な文脈の影響を認識することに焦点をあてる」ということが述べられており、アジェグボ報告で提起された第 4 の要素が反映されている (QCA 2007c: 32; 2007d; 46)。

第 5 節　小　括

本章では、第 3 期カリキュラム改革のシティズンシップ教育政策をめぐる議論に焦点をあて、①シティズンシップと人権との関連、②シティズンシップ教育とナショナルアイデンティティとの関連、③地位としてのシティズンシップである国籍にどのような意味が付与されるのかに着目して分析を行ってきた。

以上の検討結果をまとめると、まず、クリック報告においてシティズンシップ教育の中等教育段階における必修化が提言された後、ブランケットとクリックは移民政策におけるシティズンシップの検討に携わることになる。2002 年法によって、シティズンシップ・セレモニーとシティズンシップ・テストが導入されることになり、国籍の意義を高めることが目指された。また、試験制度においては、地位としてのシティズンシップである「国籍」と実践としてのシティズンシップである「参加」を結びつけることがねらいとされていた。

次に、2005 年の同時爆破事件をきっかけとして設置された検討グループの報告書では、「アイデンティティと多様性：連合王国における共生」をシティズンシップ教育の第 4 の要素に加えることを勧告した。アジェグボ報告は、クリック報告の基本的な方向性を引き継ぎながらも、人びとの参加を促すためにアイデンティティと多様性を重視したシティズンシップ教育を提示し、多様性のための教育とシティズンシップ教育は相補的な関係にあること

を強調した。

　さらに、ブリティッシュネスをめぐる議論の検討を経て、シティズンシップ教育の前提となる共同体が「連合王国」であることが明確化された。ブラウンはブリティッシュネスとシティズンシップ教育を、歴史を通じたブリテンの共有の価値の学習という点から結びつけた。その一方で、アジェグボ報告においてはブリティッシュネスの排他性や共有の価値に対する疑問が示された。アジェグボ報告においてはその勧告が適用される範囲がイングランドのみであることを断りながらも、連合王国という枠組みを強調し、その中でシティズンシップを通じた結びつきを構築することを目指した。それはネイションと結びついた政治共同体ではなく、連合王国における市民としてのアイデンティティを強調したのである。連合王国「市民」としてのアイデンティティは単一のナショナルアイデンティティをもつことを意味しない。また、意識的にブリテン（Britain）と連合王国（UK）が使い分けられていた。アジェグボ報告及びキワンの議論においては、シティズンシップ観の転換を論点とするクリック報告では重視されなかった人びとを包摂する境界の問題を正面から扱っているといえよう。

　このような方向性は、改訂版の共通カリキュラム「シティズンシップ」においても引き継がれていた。ブリティッシュネスという言葉が用いられることはなく、ネイションや宗教などを含む連合王国の多様なアイデンティティを尊重することを重視している。結果としてカリキュラム改訂過程を経て、単一のナショナルアイデンティティの共有を意図した国民形成ではなく、連合王国に住む人びとの多様なアイデンティティを認めた上でシティズンシップによるつながりを生み出そうとする方向性が目指されたといえる。

注

1　アジェグボ報告では次のように説明されている。「国家間の均衡を変化させながら、世界はこれまで以上の速さで経済的・社会的に発展している。〔…略…〕欧州連合は、連合王国への入国及び出国が自由にできるような巨大な社会的市場（social market）を生み出しながら、1997 年の 15 ヶ国から 2007 年には 27 ヶ国に

拡大している」(Ajegbo *et al.* 2007: 16)。欧州連合は発足後、1995 年に 3 ヶ国が加盟し 15 ヶ国に拡大した。さらに 2004 年には 10 ヶ国が加盟し、25 ヶ国へと拡大した。2007 年 1 月には、ブルガリアとルーマニアが加盟し、27 ヶ国となった（フォンテーヌ 2011）。

2 連合王国では、2004 年に欧州連合に加盟した 10 ヶ国のうち、キプロスとマルタを除く 8 ヶ国を対象に「労働者登録制度」を導入した。それによって欧州連合域内からの新たな移民が増加している。2005 年の推計では、連合王国に移住した移民は 56 万 5000 人であり、そのうち欧州連合域内の中欧・東欧の国々からの移民が 14%（約 8 万人）を占める。このうち 70%（約 5 万 7000 人）を超える移民がポーランド人であったという (Office for National Statistics 2007)。ポーランドからの移民が多いのは、第二次大戦時にポーランドの亡命政府がロンドンに置かれたことが背景にある（「ポーランド発移民の波：第 2 次大戦時、亡命政府があったロンドンへ」『朝日新聞』2005 年 11 月 2 日付）。

3 アジェグボ報告では次のように説明されている。「移住と技術革新の速度が増すにつれて、政府、そして社会は移民に関してますます高度化する問題、多文化主義、多様性、差異をとりまく課題に効果的に取り組むことについて困難に直面している」(Ajegbo *et al.* 2007: 16)。

4 移民政策とシティズンシップ教育政策との関連を示唆した先行研究として、清田 (2005) の研究が挙げられる。

5 岡久は「市民権」という用語を用いているが、柄谷にならい「国籍」という表記で統一した。

6 経緯の詳細については、岡久 (2007) を参照。

7 シティズンシップ・セレモニーの導入について、岡久は「移民と元からの市民によって共有される強固な共同体意識と市民的アイデンティティを確立させるという、この白書の趣旨が反映されている」と指摘している (岡久 2007: 16)。

8 例えば、2005 年 7 月 31 日付けのガーディアン紙においては、「ブリテン人であるとはどういうことか？」という見出しの記事が出ている ('What does it mean to be British?', 31 July 2005, *The Guardian*)。そこでは「7 月 7 日の爆破事件以降、ブリテンにおいては、私たちは誰なのか (who we are) という議論で激しく揺れ動いている。私たちを殺そうとする人物をかくまうようなコミュニティが存在する一方で、なぜ私たちはネイションの多様性 (national diversity) を賞賛したのか？『ブリティッシュネス』はより強い影響力をもつ忠誠と両立しているのか？私たちは、アメリカ人やフランス人のように、市民であることについてより明確にすべきなのか？」という疑問を提起している。このような疑問が提起された背景には、「ムスリムであること」と「ブリテン人であること」が果たして両立しうるのかと

168

いうことに対する不信があると考えられる。このように爆破事件以降は、多様な観点から「ブリティッシュネス」、あるいは「ブリテン人であること」が問われるようになった。

9 ラメルのスピーチの冒頭においても爆破事件が社会にもたらした衝撃について述べられている。「昨年7月にロンドンで起きた事件はすべての意味において衝撃的であった。私たちの国に入り込んで危害を与えたのは、9/11やマドリッドの事例のように外国人のテロリストではない。この国で生まれた（home-grown）テロなのである」（Rammell 2006）。

10 キワンは、この検討グループに参加する前に内務省に設置された「帰化と統合のための助言委員会（Advisory Board for Naturalisation and Integration: ABNI）」の事務局長を務め、クリックが議長を務めた「連合王国における生活」助言グループ（'Life in the UK' Advisory Group）の勧告の実施に尽力したということも併せて記されている。

11 このタイトルは、BBCのテレビ番組「あなたは自分を誰だと思いますか？（Who do you think you are?）」から発想を得たものであるという（Ajegbo *et al.* 2007: 98）。

12 アジェグボ報告においては引用符をつけて「人種（race）」という言葉が用いられているが、この用法について説明はなされていない。例えば、ビクー・パレク（Parekh, Bhikhu）によってまとめられた報告書においては、「人種」という用語について次のように説明されている。「『人種』という用語は、人種差別の現実に言及するためには決定的に重要である。しかしながら、〔この用語によって〕人間が別々の人種で構成されているという考えを反映しているわけではない。また、身体的外見による人種差別とは異なる、文化的、宗教的側面への注意をそらしてしまうという不都合がある」（Runnymede Trust. Commission on the Future of Multi-Ethnic Britain 2000: xxiv、〔 〕内引用者）。アジェグボ報告においても、このような側面への配慮から、引用符をつけた「人種（race）」という表現を用いていると考えられる。

13 キワンは、クリック報告ではアイデンティティや多様性が重視されず、それ以上に問題として認識されていたことを指摘している。クリック報告では「政治的」多様性については認識していたが、それはエスニックや宗教的多様性を含みこむものではなかったという（Kiwan 2007a: 232）。

14 キワンは、クリック報告において提唱された参加を重視するシティズンシップ教育が不十分であったと指摘している。クリック報告及びその後に示された学習プログラムと単元構成例においては情報へのアクセスと参加スキルを発達させることに焦点化しているが、集団間の異なる権力の影響を考慮していないため不十分なものであるという。さらに、このことによって歴史的に周縁化さ

第4章　連合王国における共生に向けたシティズンシップ　169

れてきた集団に属する人びとの参加の動機をくじくことになりうるという。そこでキワンは、どのようにすればこのような集団に属する個人が参加へと動機づけられるのかという問いを提示する（Kiwan 2007a: 232）。キワンは情報へのアクセスに基づく参加のアプローチではなく、何が人びとを参加へと動機づけるのかという点に着目し、「人びとを参加へと動機づけるものとして、シティズンシップの包摂的な理念を発達させることが不可欠である」と主張する。そして「積極的な参加のためには、多様な背景をもつ個々の市民が彼らのコミュニティに『同一化（identify）』できなければなら」ず、そのために「市民のアイデンティティや経験が包摂的なシティズンシップの理念にとっての核心となる」と述べる（Kiwan 2007a: 233）。

15　2010年1月18日のインタビューによる。

16　アジェグボ報告において、多様性の認識は民族的・文化的な背景だけに限られずジェンダーや階級についても言及されている。「ジェンダーと社会階級（social class）の問題を扱うことは私たちの権限を超えるものであるが、それらは児童生徒のアイデンティティの形成において明らかに欠かすことのできない要素である」（p. 29）としている。さらに、多様性の問題の新しい局面を指摘していることに注目したい。「私たちは新しい状況に直面している。それらは、〔①〕白人労働者階級の男子児童生徒の成績が悪くなっていること、〔②〕東欧からの新しい移民の増大によって、移民は『人種』ではっきりと定義なくなっていること、〔③〕宗教がさらに大きな役割を担うようになっていることである」（p. 27、〔　〕内引用者）。このうち、②の新しい移民の問題は欧州連合の拡大に関係しており、③は同時爆破事件に関係している。さらに、①の白人労働者階級の児童生徒の問題については次のように述べられている。「ブリテン生まれの白人児童生徒の多くは、彼ら自身のアイデンティティに対して否定的な認識を持っている。例えば、クラスの生徒がコンゴ、ポルトガル、トリニダード＝トバゴ、ポーランドといった国々からどのようにやってきたかという学級での議論を通じての聞き取り調査の後で3年生の白人ブリテン人の児童と話をした時、彼女は『どこからもやってきていない』と言った。白人労働者階級の男子児童生徒の場合、明確な歴史とのつながりは他の集団以上にしばしば欠如している」（p. 30）。このような例を示しつつ、「私たちの報告書において、白人児童生徒の課題に取り組み、理解しようとすることなしに、少数エスニックの児童生徒に焦点化することは賢明ではない。コミュニティの連帯を高めるために、より重要なのは白人児童生徒の姿勢である。白人の児童生徒が権利を取り上げられているという感覚や怒りをもったままでは、少数エスニックの児童生徒の自信を生み出すことには繋がらない。そのため、白人の学校においてカリキュラムの中で多様性を取り扱うことを周

170

知し、約束を取り交わすことは重要である。そのことが、差異や共通性の探究を支えることになるだろう」(p. 30) と述べている。白人児童生徒への配慮については、批判もみられるが、多様性の問題を扱う際により多くの同意を得るという視点は重要であろう。

17　ブラウンのスピーチを引用する際のパラグラフ番号は筆者が割り振ったものである。

18　「教育とコミュニティにおける価値のための全国フォーラム (The National Forum for Values in Education and the Community)」は、1996 年 1 月に学校カリキュラム評価機構 (School Curriculum Assessment Authority: SCAA) の所長であるニック・テイト (Tate, Nick) の提案により設置されたものである。背景には、価値相対主義に対する批判と、学校やコミュニティにおいて子どもたちに促すための中核となる価値 (core values) をまとめる必要性が認識されていたことがある。フォーラムにおいては全国的に同意された「共通の価値」についての議論がなされた。関係者を含めた協議を経て、1997 年 6 月に SCAA は「共通の価値」の最終版とそれをどのように学校で展開するのかについての提案を大臣に報告した。「共通の価値」は、「自己 (The Self)」、「関係 (Relationships)」、「社会 (Society)」、「環境 (The Environment)」という 4 つの項目にまとめられた (柴沼・新井 2001: 187-193)。

19　キワンによれば、第 2 期カリキュラム改革において報告書作成に携わったクリックを含め、シティズンシップ教育にかかわる人びとが、とりわけ「共有の価値」を推し進めようとする圧力に対して報告書が最終的にどのような勧告をするのか懸念していたという (2010 年 1 月 18 日のインタビューによる)。

20　2002 年法については次のような言及がみられる。「シティズンシップの概念も全面に押し出されるようになった。内務省の主導で 2002 年国籍・移民及び庇護法が制定され、新しい帰化要件に言語とシティズンシップに関する講習、そしてシティズンシップ・テストが組み込まれた。ブリテン国籍 (British citizenship) に対するこのような要件の追加によって、今では『英語、ウェールズ語、またはスコットランドのゲール語に対する十分な知識があること』を示すことと『連合王国での生活についての十分な知識』をもっていることが求められるようになった。最近では統合をさらに推進するという背景から、内務省は 2007 年 4 月から連合王国の永住者に対してもこれらの要件が適用されると公言している。彼らは同じ要件を満たさなければならない。つまり、連合王国で生活していく上での『十分な』言語能力と『十分な』知識を持っていることを示さなければならない」(p. 18)。このように移民法の改正という文脈においても、シティズンシップに関する議論がなされていたことを重視している。

21　クリック報告ではネイションについてはどの範囲を指すかが明言されておら

ず、より地域的なレベルに焦点が当てられていた。ナショナルアイデンティティについて言及されているものの「ネイション」が連合王国レベルであるのか、イングランドレベルであるのかは明示されていなかった（QCA 1998: 3.1.4）。

22　2010年2月22日のインタビューによる。クラフトは1998年のクリック報告作成時にもそのメンバーの一人としてかかわっていた。

終　章

　本研究では、共通カリキュラム導入以降のイングランドにおけるシティズンシップ教育政策を取り上げ、カリキュラム改革をめぐる議論にみる国民意識の形成にかかわる論点の変化について検討してきた。

　研究課題の設定にあたっては、まず、グローバル化によって国民国家を前提とするシティズンシップ（national citizenship）の再検討という課題が浮上しており、シティズンシップの変容が迫られているという点から議論を開始した。このような理論的動向の一方で、イングランドのシティズンシップ教育政策に関する先行研究においては、シティズンシップの「共通の核」が存在しなかったため、シティズンシップ教育はそもそもナショナルアイデンティティの形成とは結びついてこなかったという指摘がみられた（Kerr 1999a）。本研究では、「共通の核」が存在しなかった背景として、ブリテンのシティズンシップが帝国に由来するものであるという点に着目した。その後、帝国に由来するシティズンシップ（imperial citizenship）の組み換えによって「共通の核」が構築されつつあり、カリキュラム改革においてはシティズンシップ教育とナショナルアイデンティティとを結びつける議論がみられるようになった。

　終章では本研究の成果を総括し、今後の課題を示したい。

第1節　本研究の成果と意義

(1) 分析結果

　本研究の分析結果は以下の通りである。

第 1 章では、連合王国／ブリテンにおける帝国に由来するシティズンシップの特質を、地位(国籍)、権利、アイデンティティという 3 つの要素に着目して整理した。まず、地位としてのシティズンシップである国籍は、特定のナショナルアイデンティティとは結びついてこなかった。国籍法上において「ブリテン国民(British citizen)」という法的地位が設定されたのも 1981 年という比較的近年になってからのことであった。次に、権利としてのシティズンシップは国籍と結びついたものとして規定されておらず、それぞれの実定法により定められてきた。その背景には市民的自由という考え方があり、権利は残余として定義されてきた。最後に、アイデンティティとしてのシティズンシップについては、ブリテンにおいてはナショナルアイデンティティが重層的に存在しており、それは帝国という歴史を背景とするものであった。

第 2 章では、シティズンシップ教育が教科横断型テーマの一つとしてカリキュラムに位置づけられた第 1 期カリキュラム改革(1988 年 ~)を取り上げた。第 1 期においては、当初、行動的シティズンシップについての検討がなされたが、その検討はシティズンシップ自体の定義にまで及ぶこととなった。その際、地位(国籍)や権利は帝国やコモンウェルスとの関連において理解されており、連合王国という枠組みによって定義できるものではなかった。また、権利の内容も明確ではないとされ、シティズンシップは混乱状態にあるという否定的な認識がみられた。このような状況において、シティズンシップと人権との関連が見出され、シティズンシップ教育は人権教育の枠組みを参照すべきであるという勧告がなされた。シティズンシップ教育のガイドラインにおいては、国内法と国際法の枠組みが並列に取り上げられており、また重層的な共同体に所属する諸個人という認識が示された。

第 3 章では、シティズンシップ教育の必修教科化が提起された第 2 期カリキュラム改革(1997 年 ~)を取り上げ、クリック報告を主要な分析対象とした。第 2 期に先立っては、欧州人権条約の国内法化による 1998 年人権法の成立を受けて、第 1 期において提示された権利の明確化という課題が克服されることとなった。しかしながら、この点は第 2 期カリキュラム改革を推進する主要な背景とはみなされなかった。その代わりに第 2 期に主要な関心を集め

たのは、若者の政治的無関心にどのように対処するかという点であった。このとき重視されたのは、臣民（subject）から市民（citizen）へ、というシティズンシップ観の転換である。第2期にはシティズンシップ教育の3つの要素として「社会的・道徳的責任」、「コミュニティへの参加」、「政治的リテラシー」が設定された。報告書作成の主要人物であったクリックは、シティズンシップと人権を区別し、また手続き的価値を重視した。このことがシティズンシップ教育における人権の扱いが周辺的になった理由であると考えられる。また、シティズンシップの前提となる政治共同体については、報告書においては明言が避けられていた。クリックは、ネイションをめぐる議論の複雑さを理解していたことから、意図的にナショナルアイデンティティに関する議論を回避したと考えられる。

　第4章では、シティズンシップ教育のカリキュラム見直しが行われた第3期カリキュラム改革（2005年~）を取り上げ、アジェグボ報告を主要な分析対象とした。第3期に先立って、2002年国籍・移民及び庇護法の改正によって国籍取得の儀式と宣誓及び誓約（シティズンシップ・セレモニー）と言語及び社会の知識のための試験制度（シティズンシップ・テスト）が導入されることとなった。これらの施策のねらいは国籍の意義を高めることにあった。連合王国に住む人びとが国籍を取得することによってブリテン社会に十全に参加することが可能となり、また社会的結束を高めることにもつながると考えられた。試験制度の検討には第2期カリキュラム改革を主導したブランケットとクリックがかかわっており、連合王国で生活していく上で必要な知識を得ることは、人びとの社会参加を促すことにつながると考えられた。また、この検討には第3期カリキュラム改革の主要メンバーとなるキワンもかかわっており、2002年の法改正とシティズンシップ教育との関連が見出されることになる。この第3期カリキュラム改革は、2005年にロンドンで起こった同時爆破事件を発端とするものであった。ブリティッシュネスをめぐる議論が活発化する中、シティズンシップ教育の第4の要素として近代ブリテン史を加えることについて諮問がなされた。検討グループにおいては幅広い観点からシティズンシップ教育の検討を行い、第4の要素として「アイデンティ

ティと多様性：連合王国における共生」を加えることを勧告した。報告書では、歴史を通じたブリティッシュネス（ブリテンの価値）の学習ではなく、「連合王国における生活」という人びとが実際に経験する具体的プロセスに着目することを提起した。また、人びとのアイデンティティの多様性を認めることが社会参加につながることを強調した。その一方で、シティズンシップの前提となる共同体は、連合王国であることが明確化されるようになった。

　このように、イングランドのカリキュラム改革における論点の変化をみると、その成員資格を実質化し（どのような権利や義務があり、どのような資質が必要とされるのか）、さらに、政治共同体の範囲を明確化しようとする（どの共同体を重視するのか、誰がその一員であるのか）一連の動向を見出すことができる。連合王国が国内外のさまざまな社会変化に直面する中で、「主権国家としての位置取り」あるいは「政治共同体としてのゆらぎ」を問題として認識するようになってきており、これらの問題がシティズンシップに関する問題として論じられてきたのである。

(2) 総　括

　これらの検討結果を受けて、シティズンシップ教育のカリキュラム改革にみる国民意識の形成にかかわる論点の変化を、国民国家を前提とするシティズンシップとは異なるシティズンシップのあり方の模索という観点から考察する。イングランドにおけるシティズンシップ教育のカリキュラム改革は1988 年を画期として関心が高まり（Heater 2006）、さらにその後、シティズンシップを鍵概念とする国籍や権利、アイデンティティにかかわる諸政策と一定の関連をもちながら展開してきた。

　第一に、一連のカリキュラム改革において、シティズンシップをネイション、あるいは国家という枠組みで定義しようとする動向がみられるようになることである。1990 年代の第 2 期カリキュラム改革まではシティズンシップ教育の前提となる共同体は重層的であると言及されており、特定の枠組みが強調されるということはなかった。しかし、2000 年代半ばに始まる第 3 期カリキュラム改革においては、「ブリティッシュネス」や「ブリテンの価値」、

あるいは「連合王国」という枠組みのもとでのシティズンシップの定式化が試みられるようになった。

　第二に、このように連合王国の一員であることが重視されるようになる一方で、シティズンシップ教育の共通カリキュラムにおいてはブリティッシュネスという単一のナショナルアイデンティティ、あるいは共有の価値を促進することは慎重に避けられたということである。つまり、連合王国の一員であることとブリテン人意識をもつことが関連づけられていないという点が重要である。ブラウンはブリティッシュネスをブリテンの価値（共有の価値）として定式化し、偏狭なナショナルアイデンティティではないことを強調した。しかし、第3期カリキュラム改革においては、ブリティッシュネスという言葉自体が含意する意味合いや共有の価値についての検討がなされた結果、この用語は用いられなかった。つまり、シティズンシップ教育において目指されているのは単一のナショナルアイデンティティをもつことや一定の価値を共有することではなく、人びとの多様なアイデンティティを認めながらその「価値づけ」のあり方を探究することにあったといえる。

　第三に、第1期カリキュラム改革においては、シティズンシップ教育の中核となる価値の模索は人権を中心として進められたが、第2期及び第3期カリキュラム改革を通じて、その重要性を認めながらもシティズンシップと人権との差異化に重点が置かれるようになったことである。1998年人権法の成立はシティズンシップ教育における人権の位置づけをより強固にする可能性があったが、シティズンシップ教育をめぐる議論においては周辺的な位置づけにとどまった。このような議論がみられる一方で、連合王国においては国籍と権利との結びつきは依然として強くない。また2002年の法改正によって国籍取得の意義が強調されたが、基本的な権利保障の枠組みは国籍に依存するものではない。

　以上から導き出せる結論は、イングランドにおけるシティズンシップ教育のカリキュラム改革をめぐる一連の議論においては、ナショナルアイデンティティを中核に据えたシティズンシップの定義を主張する立場がみられたものの、国民国家を前提とするシティズンシップとは異なるシティズンシッ

プのあり方が見出せるということである。とくに、第3期カリキュラム改革においては、ブリティッシュネスという単一のナショナルな枠組みでシティズンシップを定義することは避けられており、この時期のシティズンシップ教育はナショナルアイデンティティの形成から一定の距離を置いたものとみることができる。つまり、連合王国に住む人びとの多様なアイデンティティを前提としながら、社会統合をはかっていくことが提起されたのである。このことを言い換えると、連合王国を構成する人びとの間にみられるシティズンシップの要素間のずれを自覚的に把握しつつ、人びとの現実に合わせるかたちでシティズンシップを構想しようとしているといえる。このように、現実に生じているシティズンシップの要素間のずれを自覚的に認識し、現実に合わせて対応していくという方向性は、グローバルな労働力移動という文脈を踏まえた現代のシティズンシップ、そしてシティズンシップ教育のあり方を考える上で必須の視点であるといえよう。そして本研究においては、このようなシティズンシップのあり方が導き出された背景にある要因として、帝国に由来するシティズンシップの存在を指摘した。このような結論からみれば、近代的な意味での連合王国における国民意識の形成という課題は、いまだ達成されたことのない課題であるといえるかもしれない。

　ここで残る疑問は、第3期カリキュラム改革において連合王国という枠組みが提起されたが、このことは「ブリテン（人）の（British）」という言葉と容易に結びつけられてしまう恐れがあるのではないかということである。しかし、ブリテンという言葉を用いてナショナルアイデンティティを定義しようとすることは、現時点では困難であることが予想される。一つにはブリテンという言葉がいまだ帝国時代の名残を強く意識させる言葉であるからである。加えてイングランド以外に目を向ければ、ウェールズ、スコットランド、北アイルランドの3つの地域におけるブリテンへの同一化の度合いも異なっている。ウェールズやスコットランドにおいては帝国時代には多層的なアイデンティティを維持していたことが指摘されているが、戦後の政策や分権改革によってそれぞれの地域に根づいたアイデンティティがより強化されてきている。さらに、連合王国に数多く居住する戦後の旧植民地からの移民は、その

終 章　179

独自のアイデンティティを維持していることも多い。

　この疑問は残されたままであるが、連合王国という枠組みを示しながらも、シティズンシップの要素間にみられるずれを自覚的に認識してシティズンシップのあり方を構想するという方向性が、今後の教育政策を通じてどのように展開していくのか、引き続き注視していきたい。

(3) 本研究の意義

　まず、イングランドのシティズンシップ教育研究への示唆として、帝国に由来するシティズンシップの組み換えという点が分析の出発点となることを提起したことである。このことはつまり、2000 年代以降にみられたイングランドのシティズンシップ教育政策におけるナショナルアイデンティティや国家の枠組みの強化といった動向が、国民国家を前提とするシティズンシップの再構築なのではなく、その構築に向けた状況であることを指摘できるということである。同時に、イングランドのシティズンシップ教育政策が安易に国民国家という枠組みに回収されない理由を理解するためにも必要な視点である。

　次に、イングランドのみにとどまらない、シティズンシップ教育政策研究への示唆として、国民意識の形成にかかわるシティズンシップの 3 つの要素として地位(国籍)、権利、アイデンティティを設定し、それらの関連に着目するアプローチを提起したことである。シティズンシップ教育政策研究においては社会に参加する資質にかかわる議論がその中心を占めてきた。その一方で、国民や市民の範囲、あるいはその前提となる共同体にかかわる問いについては十分な検討がなされてこなかった。本研究では、他の政策領域との関連を視野に入れることでそれぞれの要素をめぐる議論に一定の関連が見出されながらカリキュラム改革が展開してきたことを明らかにした。このアプローチは、シティズンシップ教育をめぐる一つの論点である「国民形成か、市民形成か」という点について検討する際、先行研究とは異なるアプローチを提示している。つまり、国籍保持者であること、権利主体であること、(ナショナル)アイデンティティをもつことを区別することで、いわゆる従来の

国民形成において暗黙の前提とされてきたつながりを問い直すことが可能となる。

ここから、国民国家の枠組みを相対化するようなシティズンシップ教育政策の成立基盤について考察を加えておきたい。まず、国民意識の形成にかかわるシティズンシップの 3 つの要素が関連づけられてきたか否かという前提となる歴史的背景を明らかにすることが重要である。このことによって、現在の変化を歴史的な文脈に位置づけることが可能となるからである。また政策文書においては、これら 3 つの要素の関連やそこにみられるずれについて自覚的であるか否かという点に着目する必要がある。その上で自覚的な場合には、その関連を見出そうとしているのか否か、無自覚な場合には、関連があるという暗黙の前提があるか否かを問う必要があるだろう。このアプローチをもとにポストナショナルなシティズンシップ教育政策の構想を導き出すとすれば、3 つの要素を切り離して捉える視点を前提として、シティズンシップの要素間のずれを自覚的に認識し、人びとの現実にそうようなかたちでシティズンシップを再構築するものといえるだろう。

最後に、イングランドの事例が日本に与える示唆について述べておきたい。イングランドにおいてはシティズンシップを国民国家の枠組みで定義する困難さが認識されたことによって、シティズンシップ教育を通じたナショナルアイデンティティの形成に一定の歯止めがかけられていたと考えられる。しかし、日本においては「国籍保持者＝権利主体＝ネイションへの帰属意識」という等式がしばしば自明のものとみなされている。このような状況においてシティズンシップ教育が推進される際には、ナショナルアイデンティティの形成と容易に結びついてしまう可能性について注意深くあらねばならないだろう。また、政策立案過程に着目すれば、イングランドにおいては比較的独立したかたちで検討委員会が設置されており、教員や教育関係者からのヒアリングを可能な限り行った上で政策立案が進められている点を指摘しておきたい。このことは、民主的なシティズンシップ教育のあり方を構想する上での必須のプロセスとなるだろう。

第2節　今後の課題

　本研究では、共通カリキュラム導入以降のイングランドのカリキュラム改革に焦点をあてて、シティズンシップ教育政策、並びに他の関連する政策領域の政策文書の分析を行った。とくに、政策立案過程における論点の変化を明らかにすることで政策立案の意図を分析することに焦点をあててきた。そのため、報告書や共通カリキュラムに対する批判については十分に検討できなかった。加えて、報告書や共通カリキュラムが教育行政を通じて、また学校現場においてどのように受け止められたのかという点についても別途検討が必要であろう。

　また、本研究においては帝国に由来するシティズンシップの組み換えという視点を設定したが、その内実はかなり複雑なものであり、十分に説明しきれたとは言い難い。シティズンシップ教育のテキスト等において、国籍や権利といった法的側面にかかわるシティズンシップがどのように説明されているのか、連合王国の国民／市民であることがどのように理解されているのかという点を検討することは、帝国に由来するシティズンシップの組み換えをよりよく説明する素材となるかもしれない。

　最後に、本論においては連合王国全体のシティズンシップに言及しながらも、ウェールズ、スコットランド、北アイルランドといった連合王国を構成するその他の地域のシティズンシップ教育政策の動向や構成地域間の相互の連携については触れることができなかった。それぞれの地域において独自のシティズンシップ教育政策が推進されている状況を踏まえれば、シティズンシップ教育政策と国民意識の形成との関連についてもイングランドとは異なる問題情況が存在することが想定される。

　本研究において提示した帝国に由来するシティズンシップという視点は、イングランドのシティズンシップ教育政策の現状を理解する上で不可欠であり、今後の研究における議論の一つの出発点となると考えられる。この点を踏まえつつ、引き続き、上記の課題に取り組んでいきたい。

資料編

資料A『カリキュラムガイダンス8：シティズンシップ教育』
（NCC 1990b）── 抄訳

1. はじめに（略）

2. シティズンシップ教育の枠組み

シティズンシップ教育の目的は以下の通りである。

・積極的で参加的なシティズンシップの重要性を確立し、参加へと動機づけること
・シティズンシップのためのスキル、価値、態度の発達の基礎となる必須の情報を児童生徒が獲得し、理解することを助けること

3. 目標： 知識、教科横断的スキル、態度、道徳律と価値

知識

児童生徒は、以下の知識と理解を発達させるべきである。

共同体の性質
・人びとが同時に（simultaneously）帰属している共同体の多様性：家族、学校、地域、ネイション、欧州、世界
・変化を伴いながら、どのようにして共同体が安定的に結びついているのか
・共同体はどのように組織されているのか、また、規則や法の重要性
・共同体はどのように個人のニーズと社会のニーズを調整しているのか

民主的な社会における役割と関係性
・個人、集団、共同体における協力と競争の性質
・個人、集団、共同体の類似点と相違点——多様性と相互依存
・異なる役割や共同体における人びとの経験と機会
義務、責任、権利の性質とその基盤
・義務、責任、権利を規定した慣習法や法律の役割
・公正、正義、道徳的責任

教科横断的スキル

　教育課程審議会 (NCC) の『カリキュラムガイダンス 3: 全体カリキュラム』では、6 つの教科横断的スキルを示した。これらのスキルがシティズンシップ教育を支える方法の例を以下に示した。

コミュニケーション・スキル
・ある事例について、明確、簡潔に議論する
・根拠における意見、先入観、省略されていることを見出す
数的処理
・データを収集し、分類し、精査する
・統計を理解し、確率を算出する
学習スキル
・資料を吟味し、選択し、取捨する
・課題を計画し、準備し、達成し、振り返る
問題解決スキル
・問題の性質を認識し、定義づける
・入手可能な根拠という観点から決定を下す
個人的・社会的スキル
・他者と協同する
・民主的責任と権利を行使する
情報技術スキル
・情報技術を用いる
・電子的な方法で保管されている個人情報を検索する、あるいは精密さや活用方法を試す

資料編　185

態度

　児童生徒が民主主義とそれに伴う義務、責任、権利に価値を置くようにするためには、積極的な態度を促進することが不可欠である。以下に挙げる態度と個人的資質 (personal qualities) はこの過程に寄与するものである。

・社会的・道徳的課題に関する独立した思考
・課題や挑戦に対する意欲的で根気強いアプローチ
・法的手続きと他者の権利の尊重を含むフェアプレーの意識
・異なる生活様式、信条、意見、思想の尊重
・他者の法律上の利害を尊重しようとすること
・対立を解決するための合理的な議論と非暴力的な方法の尊重
・共同体の出来事への積極的な関心
・人権への強い関心
・民主的な意思決定が最も重要であるという認識

道徳律 (moral codes) と価値

　児童生徒は、個人的な道徳律を発達させること、価値や信条を探究することを支援されるべきである。正直や誠実といった道徳的資質 (moral qualities) はもちろんのこと、他者への気づかい、産業と努力、自尊心、自制心といった共有の価値は、促進されるべきであり、児童生徒に次のような機会が与えられるべきである。

・児童生徒が有する価値や信条と他者のそれとを比較し、共通の基盤を見出す
・根拠と意見を分析し、結論に達する
・相違について議論し、対立を解決する
・道徳的、個人的、社会的ジレンマの解決方法を議論し、検討する
・善悪の区別は必ずしも単純とは限らないことを理解する
・個人がもつ価値、信条、道徳律は経時変化するものであり、個人的な経験の影響を受けていることを理解する（例：家族、友人、メディア、学校、宗教、個人が育った文化的背景）

4. 内容：必須の構成要素

1 共同体 (Community)

この構成要素は、個人、集団、共同体の関係がどのように生活の質に影響するのかを示している。児童生徒が、集団や共同体のメンバーシップがどのように個人の義務、責任、権利を付与しているのかを理解することを助け、また、どのように経年変化するのかを示す。児童生徒が、どのようにして秩序や安定性が維持されているのかを認識することを助ける。

2 多元的な社会 (A pluralist society)

民主的な社会は、法的枠組みによって維持されうる共有の価値と多様な文化や生活様式に基づく。この構成要素は、児童生徒がすべての市民は平等でありうること、平等でなければならないことを理解することを助ける。社会的、人種、エスニック、文化的な相違があると互いに認識する集団間で生じる緊張や対立についての認識を高め、その解決に向けての取り組みを促す。この文脈において、多様性、公正、正義、協力、競争、偏見、差別について調査する。

3 市民であること (Being a citizen)

16歳になればすべての生徒が市民であることに関するすべての事柄を理解すると期待するのは非現実的である。知識、教科横断的スキル、態度はつねに追加され、再定義されるだろう。児童生徒は学校生活を通じて成長するため、これらが適用される文脈はより複雑化するだろう。

義務、責任、権利についての学習が、この構成要素の中心となる。権利には、市民的権利、政治的権利、社会的権利、人権が含まれる。これらは、性差別や人種差別などのあらゆる形態の不正、不平等、差別によってどのように侵害される可能性があるのかを学ぶ。

権利は、義務と責任を伴う。この構成要素は、児童生徒が現在及び将来における自身の義務と責任について認識し、理解することを助ける。このことは、法、個人、児童生徒が属する多様な集団や共同体の尊重を促す。また、児童生徒が弱者や不利な立場にある人の権利を守る必要性を理解することを促す。

4 家族 (The family)

児童生徒の家庭生活における経験やそれへの見方は多様である。この構成要素は、児童生徒がすべての形態の家庭生活のあり方について理解し、通説や固定観念から現実を区別するように促す。このことは、児童生徒が現在の役割について分析し、将来の配偶者や保護者としての役割を予測し、それらの関係においてより効果的な影響を与えるようになることを助ける。

5 活発な民主主義 (Democracy in action)

市民としての十全な参加のために、児童生徒は政治システムやそのプロセスについて知り、民主的な社会における責任と権利の行使について積極的な態度をもち、効果的に参加するためのスキルを身につける必要がある。

6 市民と法律 (The citizen and the law)

資料編　187

　　法律は、刑法や、過失や契約に関わる法である民法に従うことなど幅広い義務を市民に課す。個人的な道徳律は異なっているかもしれないが、法律は、社会のすべての成員を拘束するような共通の行為規範を定める。

　　シティズンシップの義務、責任、権利は、国内法及び国際法の枠組みによって定義される。それらは、思想・信条・表現の自由、結社の自由、人種や性別に基づく差別からの自由、公正な裁判を受ける権利、適正手続きの権利といった基本的人権を含んでいる。また、消費者の権利や雇用の権利といった、特定の国の法律によって国民（citizens）に付与される権利を含んでいる。

　　法について無知であったり、法的枠組みの尊重が十分でなかったりする場合、他者の権利の縮小を引き起こし、コミュニティの生活の質の低下をもたらしうる。正義や公正といった思想が、公共善に対する関与を優先し、また促進するということは重要である。

7 仕事、雇用、余暇 (Work, employment and leisure)

　　この構成要素は、仕事、雇用、余暇のあり方についての児童生徒の理解を促す。ある選択が行われる背景にある社会的、政治的、経済的文脈や、彼ら自身や他者に及ぶ影響についての理解を深める。

8 公共サービス (Public services)

　　児童生徒は、自身が帰属するコミュニティの福祉や効果的な運営のために不可欠である公共サービスについて知る必要がある。

5. 活動・機会・経験（略）

188

資料B　共通カリキュラム「シティズンシップ」(QCA 1999)

学習プログラム：シティズンシップ
キーステージ (KS) 3

知識、スキル、理解

教授においては、見識をもった市民になることについての知識と理解を確実に身につけさせ、探究とコミュニケーションのスキルや、参加と責任ある行動のスキルを発達させる際に応用できるようにすべきである。

見識をもった市民となるための知識と理解

1　生徒は、次のことを教えられるべきである。

a 社会を支える法、人権、責任、及び刑事裁判制度の基本的側面、そしてこれらがどのように若者に関係しているか
b 連合王国におけるナショナル、地域的、宗教的、エスニック・アイデンティティ（national, regional, religious and ethnic identities）の多様性、及び相互尊重と理解の必要性
c 中央政府及び地方政府とその公共サービスや財政管理の方法、またそれに貢献する機会
d 議会制やその他の統治形態の主要な特徴
e 選挙制度と投票の重要性
f コミュニティを基盤とした、また全国的、国際的なボランティア団体の機能
g 対立を公正に解決することの重要性
h 社会におけるメディアの意義
i グローバル・コミュニティとしての世界、その政治的、経済的、環境的、社会的意味、及び欧州連合、コモンウェルス、国際連合の役割

探究とコミュニケーションのスキルの発達

2　生徒は、次のことを教えられるべきである。

a 情報コミュニケーション技術 (ITC) を含む、情報と情報源を分析することによって、政治的、精神的、道徳的、社会的、文化的な課題や問題、出来事について考えること
b 上記の課題や問題、出来事について、口頭や文書において個人としての意見の正当性を論じること
c グループやクラスでの議論に貢献し、討論に参加すること

参加と責任ある行動のスキルの発達

3　生徒は、次のことを教えられるべきである。

a 他者の経験を考慮するために想像力を用い、他者の見解を考察し、表明し、説明することができるようにすること
b 学校やコミュニティの活動において、交渉し、決定し、責任を持って参加すること
c 参加の過程について熟考すること

> **資料C** 共通カリキュラム「シティズンシップ」(QCA 2007c)
> ──抄訳

シティズンシップ
キーステージ(KS)3の学習プログラム

カリキュラムの目標(Curriculum Aim)

　シティズンシップにおける学習やそこで取り組む活動は、以下のような、すべての若者のためのカリキュラムの目的を達成することに寄与する。
・成功した学習者：学習を楽しみ、向上し、達成する
・自信を持った個人：安全で健康な満たされた生活を営むことができる
・責任ある市民：社会に対して積極的に貢献する

シティズンシップの重要性(The importance of citizenship)

　シティズンシップは、若者が公的生活において効果的な役割を担えるようにするために知識、スキル、理解を身につけさせるものである。時事的で論争的な課題に興味を持ち、議論や討議に取り組むようにする。生徒は権利、責任、義務や自由、そして法、正義、民主主義について学ぶ。また、意思決定やさまざまな種類の活動に参加することを学ぶ。彼らは学校、近隣、コミュニティ、より広い社会において行動的でグローバルな市民として積極的な役割を果たす。

　シティズンシップは、さまざまなネイション、宗教、エスニックのアイデンティティを尊重することを促す。そのことによって生徒は多様な考え、信条、文化やアイデンティティ、連合王国の市民として私たちが共有する価値を批判的に捉え、そしてそれらを探究することを身につける。生徒は、社会がどのように変化してきたのか、連合王国、欧州、世界がどのように変化し

ているのかを理解しはじめる。

　シティズンシップは、社会正義、人権、コミュニティのつながり、グローバルな相互依存関係についての問題を扱い、生徒が不公平、不平等、差別に取り組むことを促す。このことを通じて若者は批判的なスキルを身につけ、政治的、社会的、倫理的、道徳的な問題について幅広く考え、自分以外の意見や考え方を探究する。情報を精査し、十分な情報を得て判断し、現在と未来における行動の帰結について熟考する。自分自身の立場はもちろん、他者の立場から主張することを学び、関心のある課題について話すことができる。

　シティズンシップは、生徒に実際的で民主的な参加のために必要な知識とスキルを身につけさせる。このことを通じてコミュニティやより広い社会において協働して行動を起こし、変化を生みだそうとする自信と信念をもち、見識をもった批判的で行動的な市民 (informed, critical and active citizens) となることを促す。

1. 重要概念 (Key concepts)

1.1 民主主義と正義 (Democracy and justice)
a 公的生活に影響を与えるために、さまざまな意思決定や投票に積極的に関わる
b さまざまな状況で、公正／不公正であることを比較考量する。正義が民主的な社会の基本であることを理解する。秩序を維持し、対立を解決する際の法の役割について探究する
c 変容しつつある民主的な社会において、さまざまな信条、経歴、伝統をもつ人びとによって、民主主義、正義、多様性、寛容、尊重、自由がどのように価値づけられているのかを考える
d 政府を支える市民と議会、責任を果たすべき権力を与えられた人びととの役割を理解し、探究する

1.2 権利と責任 (Rights and responsibilities)
a さまざまな種類の権利と義務、そしてこれらが個人とコミュニティの双方にどのように影響するのかを探究する
b 個人、諸組織、政府には、権利を公正なものとし、維持・擁護する責任があることを理解する
c 権利が競合・対立しうる状況を調査し、これらのバランスをとるために困難な決断がなされなければならないことを理解する

192

1.3 アイデンティティと多様性：連合王国における共生（Identities and diversity: living together in the UK）
a アイデンティティは複雑で変化しうるものであり、連合王国の市民であることの意味がさまざまに理解されることによって認識されていることを理解する
b 連合王国における多様なネイション、地域、エスニック、宗教などの文化、集団やコミュニティ、またそれらの関連について探究する
c 連合王国、他の欧州諸国、より広い世界との間の相互関連を考慮する
d コミュニティの結束、及びコミュニティに変化をもたらすさまざまな影響力について探究する

2. 主要なプロセス（Key process）

2.1 批判的思考と探究（Critical thinking and enquiry）
a 論争的な課題や問題について探究する際に、多様な理念、意見、信条、価値について熟考することができる
b さまざまな情報や資料を用いて課題や問題について研究し、計画し、調査することができる
c 多様な価値、意見、視点を分析し、評価することができ、偏見を認識することができる

2.2 アドボカシーと代表（Advocacy and representation）
a 議論、公的な討議、投票を通じて、他者に対して自分自身の意見を表明し、説明することができる
b 多様な見解を考慮に入れながら、研究、行動、討議を通じて学んだことを表現し、議論をすることができる
c 再考を促すように他者を説得したり、他者の意見を変容させたり、他者の考えを支持するような理由とともに、自分の主張を正当化することができる
d 賛成か反対かにかかわらず、他者の見解を代弁することができる

2.3 見識と責任のある行動をとる（Taking informed and responsible action）
a 計画した目的を達成するために問題や課題に取り組む際に、創造的なアプローチを探究することができる
b 他者に影響を与え変化をもたらすために、あるいは望まない変化に抵抗する際に、シティズンシップに関する課題について交渉し、計画し、行動を起こすために時間と資源を適切に用いながら、個人あるいは他者とともに取り組むことができる
c コミュニティや世界における行動の現在や将来の影響について分析することができる
d 学んだこと、うまくいったこと、遭遇した困難、さまざまな方法をとったことについて評価し、自分の成長について振り返ることができる

3. 範囲と内容 (Range and content)

a 政治的権利、法的権利、人権と市民の責任
b 法と裁判制度の役割、またそれらがどのように若者と関わるのか
c 議会制民主主義や連合王国を構成するそれぞれの地域の政府における、投票や選挙制度などに関する主要な特徴
d 言論の自由と多様な意見。世論を伝達し、またそれに対して影響を及ぼすメディアの役割。責任を果たすべき権力を有する人びとの役割
e コミュニティや自然環境に影響を与える決定に関わるために、個人、集団、諸組織が取りうる行動
f 地域的・全国的に起こる意見の相違や対立に対処する方法
g 地域コミュニティの要求と、それが公共サービスやボランティアによってどのように解決されるのか
h 公的資金がどのように集められるのか、また誰がどのように使途を決めているのかなど経済的な意思決定の方法
i 共有されている考え方、信条、文化、アイデンティティ、伝統、視点、価値の多様性を踏まえた連合王国の社会のあり方の変容
j 連合王国に出入国する移民とその理由
k 欧州連合や他の欧州諸国、コモンウェルス、国際連合、グローバル・コミュニティとしての世界と連合王国との関係

4. カリキュラムの機会 (略)

引用・参照文献一覧

Ⅰ　資　料

（政府刊行物等）

Ajegbo, K., Kiwan, D., & Sharma, S. (2007). *Curriculum Review: Diversity and Citizenship*. London: Department for Education and Skills (DfES).

Brown, G. (2006) *The Future of Britishness* (Speaking at the Fabian New Year Conference 2006, Imperial Collage, 14 January 2006). (http://www.britishpoliticalspeech.org/speech-archive. htm?speech=316 [accessed: 2017/12/31])

Commission on Citizenship. (1990). *Encouraging Citizenship: Report of the Commission on Citizenship*. London: HMSO.

Council of Europe. (1985). *Recommendation No. R (85) 7 of the Committee of Ministers to Member States on Teaching and Learning about Human Rights in Schools*. Strasbourg: Council of Europe.

Department for Education and Employment (DfEE). (1997). *Excellence in Schools*. London: The Stationery Office.

DfEE. (1998). ‘New report points the way to citizenship education’, *Press Release 1998/0433*, 22 September, London: DfEE.

Department for Education and Skills (DfES). (2002). *Designing the Key Stage 3 curriculum*. London: DfES.

Home Office. (2002). *Secure Borders, Safe Haven: Integration with Diversity in Modern Britain*. London: The Stationery Office.

Home Office. (2003). *The New and the Old: The report of the 'Life in the United Kingdom' Advisory Group*. London: Home Office.

Home Office. (2004). *Life in the United Kingdom: A Journey to Citizenship*. London: The Stationery

Office.

Home Office. (2007). *Life in the United Kingdom: A Journey to Citizenship* (2nd ed.). London: The Stationery Office.

House of Commons Education and Skills Committee. (2007). *Citizenship Education: Second Report of Session 2006–07*. London: The Stationery Office.

Institute for Citizenship Studies & British Institute of International and Comparative Law. (1994). *Hallmarks of Citizenship: A Green Paper*. London: British Institute of International and Comparative Law.

Institute for Citizenship Studies & British Institute of International and Comparative Law. (1997). *Citizenship: The White Paper*. London: British Institute of International and Comparative Law.

Maylor, U., Read, B., Mendick, H., Ross, A., & Rollock, N. (2007). *Diversity and Citizenship in the Curriculum: Research Review*. London: DfES.

National Curriculum Council (NCC). (1990a). *Curriculum Guidance 3: The Whole Curriculum*. York: NCC.

NCC. (1990b). *Curriculum Guidance 8: Education for Citizenship*. York: NCC.

Office for National Statistics. (2007). *International migration: Migrants entering or leaving the United Kingdom and England and Wales, 2005*. London: Office for National Statistics.

Office for Standards in Education (Ofsted). (2006). *Towards Consensus?: Citizenship in Secondary Schools*. London: Ofsted.

Ofsted. (2010). *Citizenship Established?: Citizenship in Schools 2006/09*. London: Ofsted.

Ofsted. (2013). *Citizenship Consolidated?: A Survey of Citizenship in Schools between 2009 and 2012*. London: Ofsted.

Qualifications and Curriculum Authority (QCA). (1998). *Education for Citizenship and the Teaching of Democracy in Schools: Final Report of the Advisory Group on Citizenship*. London: QCA.

QCA. (1999). *Citizenship: The National Curriculum for England (Key stages 3-4)*. London: DfEE, QCA.

QCA. (2007a). 'QCA launches secondary curriculum review consultation', *News Release*, 05 February, QCA.

QCA. (2007b). *Secondary Curriculum Review Statutory Consultation Report (QCA/07/3123)*, London: QCA.

QCA. (2007c). *Citizenship: Programme of Study for Key Stage 3 and Attainment Target*, London: QCA, pp. 26-39.

QCA. (2007d). *Citizenship: Programme of Study for Key Stage 4*, London: QCA, pp. 40-49.

QCA. (2007e). *The New Secondary Curriculum: What has Changed and Why ?*. London: QCA.

QCA. (2009). *Cross-curriculum Dimensions: A Planning Guide for Schools*. London: QCA.

Rammell, B. (2006) *Community Cohesion* (Speech by Bill Rammell to London South Bank University, 15 May 2006).

II　文　献

（英語）

Anderson, B. (1991). *Imagined Communities: Reflections on the Origin and Spread of Nationalism (Revised Edition)*. London and New York: Verso. (＝白石さや・白石隆訳 (1997)『増補 想像の共同体：ナショナリズムの起源と流行』NTT 出版 .)

Bauböck, R. (Ed.). (2006). *Migration and Citizenship: Legal Status, Rights and Political Participation*. Amsterdam: Amsterdam University Press.

Beck, J. (1996). ʻCitizenship education: problems and possibilitiesʼ. *Curriculum Studies*, 4(3), pp. 349-366.

Brett, P. (2007) ʻIdentity and diversity: citizenship education and looking forwards from the Ajegbo Reportʼ, CitizED HP. (http://www.citized.info/pdf/commarticles/Peter%20Brett%20-%20Identity%20and%20Diversity.pdf [accessed: 2017/12/31])

Brubaker, R. (1989). ʻIntroductionʼ. In W. R. Brubaker (Ed.), *Immigration and the Politics of Citizenship in Europe and North America*. Lanham: University Press of America, pp. 1-27.

Brubaker, R. (1992). *Citizenship and Nationhood in France and Germany*. Cambridge: Harvard University Press. (＝佐藤成基、佐々木てる監訳 (2005)『フランスとドイツの国籍とネーション：国籍形成の比較歴史社会学』明石書店 .)

Brysk, A. (Ed.). (2002). *Globalization and Human Rights*. Berkley: University of California Press.

Carr, W. (1991). ʻEducation for citizenshipʼ. *British Journal of Educational Studies*, 39(4), pp. 373-385.

Colley, L. (1992). ʻBritishness and otherness: an argumentʼ. *The Journal of British Studies*, 31(4), pp. 309-329. (＝川本真浩、水野祥子訳 (1998)「『イギリス的なるもの』と『非イギリス的なるもの』：ひとつの議論」『思想』(884)、pp. 76-98.)

Crick, B. (2000). *Essays on Citizenship*. London: Continuum. (= 関口正司監訳 (2011)『シティズンシップ教育論：政治哲学と市民』法政大学出版局 .)

Crick, B. (2002). 'Education for citizenship: the citizenship order'. *Parliamentary Affairs*, 55(3), pp. 488-504.

Davies, I. (1999). 'What has happened in the teaching of politics in schools in England in the last three decades, and why?'. *Oxford Review of Education*, 25(1&2), pp. 125-140.

Delanty, G. (2000). *Citizenship in a Global Age: Society, Culture, Politics*. Berkshire: Open University Press. (= 佐藤康行訳 (2004)『グローバル時代のシティズンシップ：新しい社会理論の地平』日本経済評論社 .)

Derricott, R. (1998). 'National case studies of citizenship education: England and Wales'. In J. J. Cogan & R. Derricott (Eds.), *Citizenship for the 21st Century: An International Perspective on Education*. London: Kogan Page, pp. 23-45.

Dummett, A., & Nicol, A. G. L. (1990). *Subjects, Citizens, Aliens and Others: Nationality and Immigration Law*. London: Weidenfeld and Nicolson.

Dummett, A. (1994). 'The acquisition of British citizenship: from imperial traditions to national definitions'. In R. Bauböck (Ed.), *From Aliens to Citizens: Redefining the Status of Immigrants in Europe*. Aldershot: Avebury, pp. 75-84.

Eurydice. (2005). *Citizenship Education at School in Europe*. Brussels: Eurydice.

Fogelman, K. (Ed.). (1991). *Citizenship in Schools*. London: David Fulton Publishers.

Green, A. (1997). *Education, Globalization and the Nation State*. New York: St. Martin's Press. (= 大田直子訳 (2000)『教育・グローバリゼーション・国民国家』東京都立大学出版会 .)

Grillo, R. (2010). 'British and others'. In S. Vertovec & S. Wessendorf (Eds.), *The Multiculturalism Backlash: European Discourses, Policies and Practices*. London: Routledge, pp. 50-71.

Heater, D. (1991). 'Citizenship: a remarkable case of sudden interest'. *Parliamentary Affairs*, 44(2), pp. 140-156.

Heater, D. (1999). *What is Citizenship?*. Cambridge: Polity Press. (= 田中俊郎、関根政美訳 (2002)『市民権とは何か』岩波書店 .)

Heater, D. (2006). *Citizenship in Britain: A History*. Edinburgh: Edinburgh University Press.

Karatani, R. (2003). *Defining British Citizenship: Empire, Commonwealth and Modern Britain*. London and Portland: Frank Cass.

Kerr, D. (1999a). 'Re-examining citizenship education in England'. In J. Torney-Purta, J.

引用・参照文献一覧　199

Schwille, & J. Amadeo (Eds.), *Civic Education across Countries: Twenty-four National Case Studies from the IEA Civic Education Project*. Amsterdam: Eburon Publishers for the International Association for the Evaluation of Educational Achievement (IEA), pp. 203-227.

Kerr, D. (1999b). 'Changing the political culture: the advisory group on education for citizenship and the teaching of democracy in schools'. *Oxford Review of Education*, 25(1), pp. 275-284.

Kisby, B., & Sloam, J. (2011). 'Citizenship, democracy and education in the UK: towards a common framework for citizenship lessons in the four home nations'. *Parliamentary Affairs*, 65(1), pp. 68-89.

Kiwan, D. (2007a). 'Developing a model of inclusive citizenship "Institutional multiculturalism" and the citizen-state relationship. *Theory and Research in Education*, 5(2), pp. 225-240.

Kiwan, D. (2007b). *Becoming a British Citizen: A Learning Journey*. London: Ministry of Justice. (Pamphlet for Lord Goldsmith Review of Citizenship, Ministry of Justice.)

Kiwan, D. (2008). *Education for Inclusive Citizenship*. London and New York: Routledge.

Kymlicka, W. (2002). *Contemporary Political Philosophy: An Introduction (2nd Edition)*. Oxford: Oxford University Press. (= 千葉眞、岡崎晴輝訳 (2005)『新版 現代政治理論』日本経済評論社 .)

Marshall, T. H., & Bottomore, T. (1992). *Citizenship and Social Class*. London: Pluto Press. (= 岩崎信彦、中村健吾訳 (1993)『シティズンシップと社会的階級 : 近現代を総括するマニフェスト』法律文化社 .)

Miller, D. (2000). *Citizenship and National Identity*. Cambridge: Polity Press.

Murdoch, J. L. (1991) 'Encouraging citizenship: report of the commission on citizenship'. *The Modern Law Review*, 54(3), pp. 439-441.

O'Hare, P., & Gay, O. (2006). *The Political Process and Citizenship Education. (Standard Note: SN/PC/4125)*. London: House of Commons Library.

Oliver, D. (1991). 'Active citizenship in the 1990s, *Parliamentary Affairs*, 44(2), pp. 157-171.

Osler, A. (2008). 'Citizenship education and the Ajegbo report: re-imagining a cosmopolitan nation'. *London Review of Education*, 6(1), pp. 11-25.

Osler, A., & Starkey, H. (2001). 'Citizenship education and national identities in France and England: inclusive or exclusive?' *Oxford Review of Education*, 27(2), pp. 287-305.

Osler, A., & Starkey, H. (2005). *Changing Citizenship: Democracy and Inclusion in Education*. Maidenhead, England: Open University Press. (= 清田夏代、関芽訳 (2009)『シティズ

200

ンシップと教育：変容する世界と市民性』勁草書房.)

Osler, A., & Starkey, H. (2006). 'Education for democratic citizenship: a review of research, policy and practice 1995-2005'. *Research Papers in Education*, 24, pp. 433-466.

Parmenter, L., Mizuyama, M., & Taniguchi, K. (2008). 'Citizenship education in Japan'. In J. Arthur, I. Davies, & C. Hahn (Eds.), *The SAGE Handbook of Education for Citizenship and Democracy*. London: SAGE, pp. 205-214.

Pring, R. (2001). 'Citizenship and schools'. In C. Bernard (Ed.), *Citizens: Towards a Citizenship Culture*. Oxford: Blackwell Publishers, pp. 81-89.

Runnymede Trust. Commission on the Future of Multi-Ethnic Britain. (2000). *The Future of Multi-Ethnic Britain: Report of the Commission on the Future of Multi-Ethnic Britain*. London: Profile Books.

Spencer, S. (2000). 'The implications of the Human Rights Act for citizenship education'. In A. Osler (Ed.), *Citizenship and Democracy in Schools: Diversity, Identity, Equality*. Stoke on Trent: Trentham Books, pp. 19-32.

Soysal, Y. N. (1994). *Limits of Citizenship: Migrants and Postnational Membership in Europe*. Chicago and London: University of Chicago Press.

Starkey, H. (2000). 'Citizenship education in France and Britain: evolving theories and practices'. *Curriculum Journal*, 11(1), pp. 39-54.

Vertovec, S. (2007). *New Complexities of Cohesion in Britain: Super-diversity, Transnationalism and Civil-integration*. London: Communities and Local Government Publications.

（日本語）

NIRA・シティズンシップ研究会編 (2001)『多文化社会の選択：「シティズンシップ」の視点から』日本経済評論社.

新井浅浩 (2001)「英国の人格教育 (PSE)」柴沼晶子、新井浅浩編『現代英国の宗教教育と人格教育 (PSE)』東信堂、pp. 127-180.

飯笹佐代子 (2007)『シティズンシップと多文化国家：オーストラリアから読み解く』日本経済評論社.

岩崎信彦、中村健吾 (1993)「訳者あとがき」マーシャル、T. H. & ボットモア、T.『シティズンシップと社会的階級：近現代を総括するマニフェスト』法律文化社、pp. 221-233.

植村勝慶 (2003)「立憲君主制」戒能通厚編『現代イギリス法事典』新世社、pp. 156-

161.

植村邦彦 (2010)『市民社会とは何か：基本概念の系譜』平凡社 .

江島晶子 (2002)『人権保障の新局面：ヨーロッパ人権条約とイギリス憲法の共生』日本評論社 .

大田直子 (2010)『現代イギリス「品質保証国家」の教育改革』世織書房 .

太田晴雄 (2000)『ニューカマーの子どもと日本の学校』国際書院 .

岡野八代 (2009)『シティズンシップの政治学：国民・国家主義批判』[増補版] 白澤社 .

岡久慶 (2007)「連合王国市民権の獲得：試験と忠誠の誓い」国立国会図書館調査及び立法考査局『外国の立法』231、pp. 14-22.

岡本智周 (2001)『国民史の変貌：日米歴史教科書とグローバル時代のナショナリズム』日本評論社 .

戒能通厚編 (2003)『現代イギリス法事典』新世社 .

柿内真紀、園山大祐 (1998)「EU の教育におけるヨーロピアン・ディメンションの形成過程とその解釈について：スコットランドの事例を中心に」日本比較教育学会『比較教育学研究』(24)、東信堂、pp. 119–140.

片山勝茂 (2008)「多文化社会イギリスにおけるシティズンシップ教育：アジェグボ・レポートとカリキュラムの改訂を踏まえて」教育哲学会『教育哲学研究』(97)、相模書房誠公社、pp. 182-187.

金田耕一 (2000)『現代福祉国家と自由：ポスト・リベラリズムの展望』新評論 .

柄谷利恵子 (1997)「移民政策と国民国家：イギリス帝国の衰退と 1962 コモンウェルス移民法をめぐる議論」小倉充夫編『国際移動論：移民・移動の国際社会学』三嶺書房、pp. 129–155.

柄谷利恵子 (2001)「脱国民国家型市民権の理論的考察の試み：英帝国及び英連邦を例にして」『比較社会文化：九州大学大学院比較社会文化学府紀要』7、pp. 89–99.

柄谷利恵子 (2003)「英国の移民政策と庇護政策の交錯」駒井洋監修、小井土彰宏編『移民政策の国際比較』明石書店、pp. 179–218.

柄谷利恵子 (2005)「国境を越える人と市民権：グローバル時代の市民権を考える新しい視座を求めて」日本社会学会『社会学評論』56(2)、有斐閣、pp. 309–328.

川本真浩、水野祥子 (1998)「訳者付記」コリー、L.『『イギリス的なるもの』と『非イギリス的なるもの』：ひとつの議論』『思想』(884)、岩波書店、p. 98.

菊地かおり (2015)「多様性のための教育とシティズンシップ教育：イングランドの展開に着目して」オセアニア教育学会『オセアニア教育研究』(21)、pp. 52-66.

菊地かおり (2016)「イングランドのシティズンシップ教育」『指導と評価』62(5)、図書文化社、pp. 51-53.

岸田由美、渋谷恵(2007)「今なぜシティズンシップ教育か」嶺井明子編『世界のシティズンシップ教育：グローバル時代の国民／市民形成』東信堂、pp. 4-15.

北山夕華 (2011)「シティズンシップ教育における包摂的ナショナル・アイデンティティの検討」日本国際理解教育学会『国際理解教育』vol. 17、明石書店、pp. 87-95.

北山夕華 (2013)「イングランドの市民性教育」近藤孝弘編著『統合ヨーロッパの市民性教育』名古屋大学出版会、pp. 80–102.

北山夕華 (2014)『英国のシティズンシップ教育：社会的包摂の試み』早稲田大学出版部.

吉瀬征輔 (1997)『英国労働党：社会民主主義を越えて』窓社.

木原直美 (1999)「英国における Citizenship Education の動向」九州教育学会『九州教育学会研究紀要』27、pp. 165-172.

木原直美 (2001)「ブレア政権下における英国市民性教育の展開」『飛梅論集：九州大学大学院教育学コース院生論文集』創刊号、pp. 99-113.

木村浩 (1990)「全国共通カリキュラムの設定と教育水準の向上：イギリスの場合」日本比較教育学会『比較教育学研究』(16)、東信堂、pp. 144-151.

木村浩 (2006)『イギリスの教育課程改革：その軌跡と課題』東信堂.

窪田眞二 (2007)「イギリス：必修教科『シティズンシップ』で参加・フェア・責任をどう教えるか?」嶺井明子編『世界のシティズンシップ教育：グローバル時代の国民／市民形成』東信堂、pp. 184-195.

倉持孝司 (2003)「市民的自由」戒能通厚編『現代イギリス法事典』新世社、pp. 138-141.

栗原久 (2001)「英国における市民性教育の新しい展開：ナショナル・カリキュラムにおける必修化をめぐって」日本社会科教育学会『社会科教育研究』(86)、東洋館出版社、pp. 26-35.

近藤孝弘 (2013)「揺れる国家と市民性教育」近藤孝弘編『統合ヨーロッパの市民性教育』名古屋大学出版会、pp. 1-18.

齋藤憲司 (2009)「英国の統治機構改革：緑書『英国の統治』及び白書『英国の統治：憲法再生』における憲法改革の進捗状況」国立国会図書館調査及び立法調査局『レファレンス』59(3), pp. 29-49.

阪野智一 (2002)「自由主義福祉国家からの脱却?：イギリスにおける二つの福祉改

革」宮本太郎編『福祉国家再編の政治』ミネルヴァ書房、pp. 149-182.

佐久間孝正 (2003)『変貌する多民族国家イギリス：「多文化」と「多分化」にゆれる教育』[オンデマンド版] 明石書店.

佐久間孝正 (2007)『移民大国イギリスの実験：学校と地域にみる多文化の現実』勁草書房.

佐藤成基、佐々木てる (2005)「citizenship と nation の訳語をめぐる注釈」ブルーベイカー、R.『フランスとドイツの国籍とネーション：国籍形成の比較歴史社会学』明石書店、pp. 311-315.

佐貫浩 (2002)『イギリスの教育改革と日本』高文研.

塩川伸明 (2008)『民族とネイション：ナショナリズムという難問』岩波新書.

篠原康正 (2000)「イギリス」本間政雄、高橋誠編『諸外国の教育改革：世界の教育潮流を読む 主要6か国の最新動向』ぎょうせい、pp. 81–123.

柴沼晶子、新井浅浩編 (2001)『現代英国の宗教教育と人格教育 (PSE)』東信堂.

菅野芳彦 (1978)『イギリス国民教育制度史研究』明治図書出版.

杉田かおり (2009)「『共生』のためのシティズンシップ」筑波大学共生教育社会学研究室『共生をめぐる問題系の確認と展開：2009 年度 IFERI 共同セミナー』pp. 63-68.

杉田かおり (2010)「イングランドのシティズンシップ教育政策における『ナショナル』・アイデンティティの語りの変容：カリキュラム改訂過程の議論に着目して」日本比較教育学会第 46 回大会発表資料、2010 年 6 月 26 日.

杉田かおり (2011a)「イングランドにおける連合王国『国民』の形成に関する一試論：シティズンシップの観点から」公教育計画学会『公教育計画研究』第 2 号、八月書館、pp. 110-128.

杉田かおり (2011b)「イングランドのシティズンシップ教育と共生」岡本智周、田中統治編『共生と希望の教育学』筑波大学出版会、pp. 283-294.

杉田かおり (2013)「シティズンシップ教育で道徳教育」福田弘、吉田武男編『道徳教育の理論と実践』協同出版、pp. 195-211.

杉田かおり (2015)「イングランドのシティズンシップ教育政策にみる国民意識の形成：共通カリキュラム導入期に焦点をあてて」日本比較教育学会『比較教育学研究』(50)、東信堂、pp. 45-65.

鈴木正幸、小口功、佐藤実芳、大井浩 (1990)「1988 年イギリス教育改革法の主要点と問題点」日本比較教育学会『比較教育学研究』(16)、東信堂、pp. 31-49.

清田夏代 (2005)『現代イギリスの教育行政改革』勁草書房．

谷川稔 (1999)『国民国家とナショナリズム』山川出版社．

仁平典宏 (2009)「〈シティズンシップ／教育〉の欲望を組みかえる：拡散する〈教育〉と空洞化する社会権」広田照幸編『教育：せめぎあう「教える」「学ぶ」「育てる」』岩波書店、pp. 173–202.

日本ボランティア学習協会 (2000)『英国の「市民教育」』日本ボランティア学習協会．

蓮見二郎 (2007)「公共的価値の教育としての愛国心教育：英国のシティズンシップ教育における Britishness 概念を参考に」日本公民教育学会『公民教育研究』15、pp. 49-63.

平塚眞樹 (2003)「市民性 (シティズンシップ) 教育をめぐる政治」『教育』53(12)、国土社、pp. 20-25.

フォンテーヌ、パスカル (2011)『EU を知るための 12 章』(駐日欧州連合代表部訳) 駐日欧州連合代表部．

福伊智 (1998)「現代イギリスにおけるシティズンシップ教育」中国四国教育学会『教育学研究紀要』44(1)、pp. 439–444.

松井一磨 (2008)『イギリス国民教育に関わる国家関与の構造』東北大学出版会．

水山光春 (2008)「シティズンシップ教育：『公共性』と『民主主義』を育てる」杉本厚夫、高乗秀明、水山光春『教育の 3C 時代：イギリスに学ぶ教養・キャリア・シティズンシップ教育』世界思想社、pp. 155-227.

嶺井明子 (1993)「外国人の子どもの教育の現状と課題」東京学芸大学海外子女教育センター編『共生社会の教育：帰国子女教育研究プロジェクト中間報告』、pp. 75–99.

嶺井明子 (2002)「『国民』教育制度を問う：外国籍の子どもの学習権保障を」日本教育制度学会編『教育改革への提言集』東信堂、pp. 33–42.

嶺井明子編 (2007)『世界のシティズンシップ教育：グローバル時代の国民／市民形成』東信堂．

嶺井明子 (2009)「グローバル時代の『国民』教育制度の限界と課題」日本教育制度学会『教育制度学研究』(16)、pp. 16-25.

宮内紀子 (2012)「イギリス国籍法制の構造転換：1981 年イギリス国籍法における現代化および国籍概念」関西学院大学法政学会『法と政治』63(2)、pp. 167-199.

宮島喬 (2008)「シティズンシップ」加藤尚武編『応用倫理学事典』丸善、pp. 522-523.

三好信浩 (1968)『イギリス公教育の歴史的構造』亜紀書房．

三好信浩 (1974)『イギリス労働党公教育政策史』亜紀書房 .

武藤孝典、新井浅浩編 (2007)『ヨーロッパの学校における市民的社会性教育の発展：フランス・ドイツ・イギリス』東信堂 .

森山弘二 (2014)「ブレア以降の憲法改革の概要 (1)」札幌大学法学部『札幌法学』25(2)、pp. 139–161.

文部科学省編 (2002)『諸外国の初等中等教育』財務省印刷局 .

文部科学省生涯学習政策局調査企画課編 (2010)『諸外国の教育改革の動向：6か国における 21 世紀の新たな潮流を読む』ぎょうせい .

文部省大臣官房調査統計企画課編 (2000)『諸外国の教育行財政制度』大蔵省印刷局 .

安江則子 (1992)『ヨーロッパ市民権の誕生』丸善ライブラリー .

矢澤雅 (2008)「行動目標モデルのカリキュラム論とその批判」名古屋学院大学総合研究所『名古屋学院大学論集 人文・自然科学篇』44(2)、pp. 39–49.

柳井健一 (2004)『イギリス近代国籍法史研究：憲法学・国民国家・帝国』日本評論社.

横田光雄 (2002)「自治体の仕組み」竹下譲、横田光雄、稲沢克裕編『イギリスの政治行政システム：サッチャー、メジャー、ブレア政権の行財政改革』ぎょうせい、pp. 148–158.

與田純 (2001)「イギリスの『大歴史論争』：歴史教育とブリティッシュ・アイデンティティ」歴史学研究会『歴史学研究』(748)、青木書店、pp. 49-61.

あとがき

　本書は、筑波大学大学院人間総合科学研究科教育基礎学専攻に提出した博士学位論文「イングランドにおけるシティズンシップ教育政策の展開に関する研究：カリキュラム改革にみる国民意識の形成に着目して」を読みやすさの観点から一部修正し、書籍として刊行するものである（巻末の初出一覧も参照のこと）。

　本書の刊行、とりわけその基礎となった博士論文の完成までに多くの方々からご指導とご支援をいただいたことにお礼を申し上げたい。指導教員であり、博士論文の主査を務めていただいた嶺井明子先生（筑波大学人間系教授）には、卒業論文、修士論文に引き続き、博士論文に至るまでの10数年間という長期にわたってご指導いただいた。その間、科学研究費補助金（基盤研究（B））「価値多元化社会におけるシチズンシップ教育の構築に関する国際的比較研究」（研究課題番号：17330177、2005年度〜2007年度）に研究協力者として加えていただき、世界各国におけるシティズンシップ教育について学ぶ機会をいただいた（その成果は『世界のシティズンシップ教育：グローバル時代の国民／市民形成』（嶺井明子編著、東信堂、2007年）として結実している）。その後も、博士論文の構想を練りながらもなかなか本論の執筆に踏み出せない筆者に対して、力強く背中を押してくださったことに改めて感謝申し上げたい。

　博士論文の副査を務めていただいた佐藤眞理子先生（元筑波大学人間系教授）、窪田眞二先生（筑波大学人間系教授）、岡本智周先生（筑波大学人間系准教授）からは折に触れて励ましや的確なご批判をいただいたことにお礼を申し上げたい。佐藤先生には、大学院に進学した2006年から比較・国際教育学研究室の研究会でお世話になり、さまざまなご助言をいただいた。窪田先生はイギリス教育研究がご専門で、どこから研究を始めてよいかわからない筆者にイギリス教育に関する基本的な事項や研究方法をご教示いただいた。岡本先生はナショナリズム研究がご専門で、社会学における理論的動向を含め、イングランドの状況を分析するためのさまざまな視点をご提示いただいた。

また、現代イギリス教育研究会の佐々木毅先生 (国立教育政策研究所名誉所員)、新井浅浩先生 (城西大学教授)、柳田雅明先生 (青山学院大学教授)、宮島健次先生 (西武文理大学准教授) をはじめ諸先生方には、イギリス教育研究全般にわたる幅広い知見をもとに筆者の研究に対してご助言をいただき、また、検討すべき訳語などの多くの重要なご指摘をいただいたことに感謝申し上げたい。新井先生は早くからイングランドのシティズンシップ教育の動向に注目しておられたことから、シティズンシップ教育関係の資料をご提供いただくなど大変お世話になった。2015 年 11 月にご逝去された故木村浩先生 (元城西大学教授) にも研究会で励ましをいただき、また著書を通じて多くを学ばせていただいた。

2010 年 1 月から 3 ヶ月間のイギリス滞在中には、ロンドン大学バークベック・カレッジのディナ・キワン (Dina Kiwan) 先生 (当時、現 University of Birmingham) に大変お世話になった。イングランドのシティズンシップ教育の政策立案にかかわる中での知見や経験を共有いただき、大変勉強になった。先生のもとで学んだ経験は、博士論文の執筆にあたって大きな支えとなった。

比較・国際教育学研究室 OB・OG の先生方にも、科研費研究等を通じて研究上の相談に乗っていただいた。また、大学院で同時期に研究室に所属した諸先輩方からは、日々の何気ない会話の中で重要な気づきを与えていただき、自分の研究のあり方についてより深く考えることができた。ここにはお名前を挙げきれない数多くの方々から、貴重なご指導・ご支援を賜ったことに心よりお礼を申し上げたい。

なお、本研究は以下の 2 つの科学研究費の助成のもとに進められた。

・科学研究費補助金 (特別研究員奨励費)「イギリスのシティズンシップ教育政策にみるナショナル・アイデンティティの再構築」(研究課題番号：21・826)、2009 年度〜 2010 年度

・科学研究費助成事業 (若手研究 (B))「連合王国構成地域間におけるシティズンシップ教育政策・実践の共有化に関する研究」(研究課題番号：24730695)、2012 年度〜 2014 年度

また、本書の刊行にあたっては、科学研究費補助金 (研究成果公開促進費)

の助成を受けた（課題番号：17HP5219）。刊行を引き受けてくださった東信堂の下田勝司社長にお礼を申し上げたい。

　最後に、研究者の道を志すことを（心配しながらも）応援してくれた、滋賀の家族と栃木の家族に心から感謝したい。

2017 年 12 月 31 日

菊地（杉田）かおり

初出一覧

本書の執筆にあたっては、2009年から継続的に現地での資料収集並びにヒアリングを行い、その成果の一部を報告してきた。本書には既出論文と重複する部分があるため、その対応関係について示しておきたい。

第1章には、杉田（2011a）の一部が組み込まれている。

第2章は、その主要部分が論文として発表されている（杉田 2015）。

第4章の内容の一部は、杉田（2009; 2011b）と重なる内容となっている。

資料編の資料Cは、杉田（2013）より抜粋し、一部修正した。

その他、以下に挙げる学会発表の内容を、本書での分析枠組みにそって再構成して用いている。

杉田かおり「イングランドにおけるシティズンシップ教育政策の検討：Crick報告とAjegbo報告の比較分析」第44回日本比較教育学会、東北大学、2008年6月28日.

杉田かおり「イングランドにおけるシティズンシップ教育政策理念の検討：『包摂的シティズンシップ』に焦点をあてて」第45回日本比較教育学会、東京学芸大学、2009年6月27日.

杉田かおり「イングランドのシティズンシップ教育政策における『ナショナル』・アイデンティティの語りの変容：カリキュラム改訂過程の議論に着目して」第46回日本比較教育学会、神戸大学、2010年6月26日.

杉田かおり「連合王国のシティズンシップ関連政策にみる『国民』形成の課題：労働党政権の取り組みに着目して」第47回日本比較教育学会、早稲田大学、2011年6月25日.

杉田かおり「保守党政権におけるシティズンシップ教育政策の検討：報告書Encouraging Citizenshipに焦点をあてて」第48回日本比較教育学会、九州大学、2012年6月16日.

杉田かおり「『参加』と『国籍』：二つのシティズンシップを通じた統合：イングランド／連合王国におけるシティズンシップ教育政策と移民政策の接点」第49回日本比較教育学会、上智大学、2013年7月7日.

事項索引

あ

アイデンティティ 3, 10, 14, 16, 17, 19, 23-25, 27-30, 35, 43, 46, 52, 55-57, 70, 141, 142, 147-149, 151, 152, 156, 157, 159, 163-166, 174, 176, 179

アイルランド 53, 56

アジェグボ報告 19, 146, 149, 175

イングランド 3, 6, 7, 9-12, 15, 17, 18, 20, 22, 33, 34, 52, 53, 56, 63, 67, 140, 141, 149

ウェールズ 12, 23, 33, 34, 52-54, 56, 140, 141, 149, 178

欧州人権条約（ECHR）73, 77, 83, 90, 91, 94, 95, 98, 99, 117, 127, 174

欧州連合（EU）11, 17, 55, 95, 133, 149

欧州連合市民権（EU citizensip）55, 92

欧州連合条約（TEU）92, 95

か

学習プログラム（programmes of study）68, 121, 122, 163

『カリキュラムガイダンス8：シティズンシップ教育』71, 81

カリキュラム改革 3, 10, 12, 13, 20, 176

　第1期── 12, 13, 15, 63-65, 84, 174, 177

　第2期── 12, 13, 15, 89, 174, 176

　第3期── 12, 13, 15, 133, 134, 165, 175-178

北アイルランド 12, 23, 33, 34, 52, 53, 140, 141, 149, 160, 178

共通カリキュラム（national curriculum）3, 6, 7, 10, 12, 15, 56, 63, 67-72

共有の価値（shared values）133, 147, 153, 154, 155-158, 164, 166, 177

教育課程審議会（NCC）63, 69, 81

教育水準局（Ofsted）103, 105

教科横断型テーマ（cross-curricular themes）6, 12, 14, 63, 69, 71, 81, 174

クリック報告 22, 106, 174

グローバル化 3-5, 35, 36, 55, 137, 153

憲法改革 89, 115, 116, 133, 153

権利 3, 6, 9-11, 14, 16-18, 23-31, 35, 44, 48, 50, 57, 64, 73-75, 77, 79-85, 91-93, 95, 98, 99, 118, 138, 142, 174, 176, 177, 179, 181

行動的シティズンシップ（active citizenship）17, 72, 73, 78, 84, 107, 109, 111

行動的な市民（active citizen）63, 72, 76, 90, 110-112, 140, 150, 164

国籍 6, 8, 9, 11, 18, 24, 25, 28, 30-32, 35, 44, 45, 48, 64, 74, 75, 84, 85, 92, 95, 127, 133-136, 138, 140, 142, 165, 174-177, 181

国民意識の形成 3, 11, 21, 23, 29, 30, 43, 63-65, 84, 134, 176, 179, 180

コミュニティへの参加 112-114, 127, 146, 175

コモンウェルス 17, 34, 43, 47, 75, 79, 121, 149, 174

コモンウェルス市民（Commonwealth citizen）45, 47, 74, 84

さ

参加 9, 16-18, 24, 28, 29, 73, 93, 101, 112, 115, 135, 140, 142, 151, 165, 175, 179

資格・カリキュラム機構（QCA）102, 121, 123, 143, 161

シティズンシップ

　アイデンティティとしての── 29, 52, 57, 134, 174

権利としての―― 29, 48, 57, 73, 117, 119, 123, 174

国民国家を前提とする――（national citizenship）3, 4, 9, 10, 15, 24, 25, 26, 27, 30, 43, 44, 46, 79, 85, 173, 176, 177, 179

実践としての―― 9, 29, 115, 135, 137, 140, 165

地位としての―― 8, 9, 29, 44, 57, 133-137, 140, 157, 165, 174

帝国に由来する――（imperial citizenship）8-11, 14, 15, 20, 26, 27, 43-45, 57, 58, 63, 64, 173, 174, 178, 179, 181

ポストナショナルな―― 10, 23, 180

シティズンシップ委員会（Commission on Citizenship）63, 71, 75, 91, 110

シティズンシップ教育（citizenship education, education for citizenship）3-6, 18, 20, 21, 63, 69, 71, 76, 81, 82

――の3つの要素 18, 115, 122, 175

――政策 3, 5, 7, 9-12, 15, 17, 20-22, 29, 34

シティズンシップの3つの要素 10, 14, 23, 29, 30, 43, 179, 180

『シティズンシップの促進』71, 75, 91, 110

市民的権利 32, 80, 83, 118

社会的権利 18, 75, 79, 80, 83, 93

社会的・道徳的責任 112, 114, 127, 146, 175

宗教教育 8, 12, 21, 63, 67, 69, 70, 118

人格・社会性教育（PSE）100, 118

人格・社会性・健康教育（PSHE）104

人権 11, 15, 30, 35, 48, 71, 75-78, 83, 84, 89, 90, 94, 95, 97-99, 117, 119, 123, 125, 127, 128, 133, 161, 165, 174, 175, 177

新自由主義 15, 17-19, 22, 64, 90

スコットランド 12, 23, 33, 34, 52-54, 56, 140, 141, 149, 178

政治共同体 17, 20, 23, 24, 45, 46, 78, 80, 84, 85, 93, 97, 127, 160, 166

政治的権利 5, 74, 75, 83, 84

政治的無関心 3, 16, 89, 148, 175

政治的リテラシー 112-114, 127, 146, 175

――運動 66

1944年教育法（Education Act 1944）12, 64

1971年移民法（Immigration Act 1971）45

1981年ブリテン国籍法（British Nationality Act 1981）44-48, 50, 74, 80, 97

1988年教育改革法（Education Reform Act 1988）6, 12, 56, 63, 67, 69

1998年人権法（Human Rights Act 1998）90, 91, 98, 99, 117, 125-128, 133, 174, 177

た

大英帝国 17, 34, 43, 45, 52, 54, 58

多様性 19, 22, 120, 121, 138, 139, 142, 144, 145, 147-154, 156, 157, 159, 163-165, 176

地位（国籍）3, 6, 10, 14, 23-29, 32, 43, 57, 97, 174, 179

中核となる価値 5, 7, 9, 11, 63, 64, 134, 177

到達目標（attainment targets）68, 121, 123

道徳教育 20, 21, 118

な

ナショナリズム 6, 56

ナショナルアイデンティティ 6-9, 15, 19, 21, 22, 33, 44, 52, 53, 55-57, 64, 69, 85, 89, 90, 119, 120, 123, 128, 133, 134, 138, 155, 158, 160, 164, 165, 166, 173-175, 177- 180

2002年国籍・移民及び庇護法（Nationality, Immigration and Asylum Act 2002）134, 135

は

福祉国家 3, 16, 17, 22, 64, 115, 116

ブリティッシュネス（Britishness）7, 11, 15, 19, 45, 133-135, 143, 153-159, 163, 164, 166, 175-178

ブリテン国民（British citizen）44, 45, 48, 54, 57, 80, 97-99, 127, 137, 138, 141, 174

ブリテン臣民（British subject）43, 45-47, 54,

109
分権改革 23, 35
保守党政権 19-21, 48, 63, 64, 67, 71, 90, 135

ら

連合王国 15, 23, 33-35
労働党政権 18-20, 89, 90, 100, 127, 135

人名索引

あ

アジェグボ、キース（Ajegbo, Keith）144

ウェザリル、バーナード（Weatherill, Bernard）71

か

カー、ディビッド（Kerr, David）101

ガードナー、ピアーズ（Gardner, Piers）14, 74

キワン、ディナ（Kiwan, Dina）14, 145, 150, 175

クリック、バーナード（Crick, Barnerd）14, 66, 89, 90, 101, 115, 135, 140, 175

さ

サッチャー、マーガレット（Thatcher, Margaret H.）67, 86

は

ブレア、トニー（Blair, Tony）100

ブラウン、ゴードン（Brown, Gordon）143, 153

ブランケット、ディビッド（Blunkett, David）14, 89, 101, 135, 137, 139, 175

ブルーベイカー、ロジャース（Brubaker, Rogers）32, 46, 93

ベーカー、ケネス（Baker, Kenneth）101

ま

マーシャル、トマス（Marshall, Thomas H.）16, 73, 78, 93, 110

著者紹介

菊地　かおり（きくち　かおり）

1982年、滋賀県生まれ。筑波大学人間系助教。博士（教育学）。
筑波大学大学院人間総合科学研究科教育基礎学専攻単位取得退学。筑波大学人間系特任研究員を経て、2015年9月より現職。
主著に、共著『岐路に立つ移民教育：社会的包摂への挑戦』（園山大祐編著、ナカニシヤ出版、2016年）、「イングランドのシティズンシップ教育政策にみる国民意識の形成：共通カリキュラム導入期に焦点をあてて」（『比較教育学研究』第50号、2015年）、共著『共生と希望の教育学』（岡本智周・田中統治編著、筑波大学出版会、2011年）など。

Citizenship Education Policy in England

イングランドのシティズンシップ教育政策の展開―カリキュラム改革にみる国民意識の形成に着目して

2018年2月25日　　初　版第1刷発行　　　　　　　　　　〔検印省略〕
定価はカバーに表示してあります。

著者©菊地かおり／発行者　下田勝司　　　　　　　　印刷・製本／中央精版印刷

東京都文京区向丘 1-20-6　　郵便振替 00110-6-37828
〒113-0023　TEL (03) 3818-5521　FAX (03) 3818-5514
Published by TOSHINDO PUBLISHING CO., LTD.
1-20-6, Mukougaoka, Bunkyo-ku, Tokyo, 113-0023, Japan
E-mail : tk203444@fsinet.or.jp http://www.toshindo-pub.com

発 行 所
株式会社　東信堂

ISBN978-4-7989-1483-1 C3037 Ⓒ Kaori Kikuchi

東信堂

- 多様性と向きあうカナダの学校 —移民社会が目指す教育　児玉奈々　二八〇〇円
- カナダの女性政策と大学　犬塚典子　三九〇〇円
- 多様社会カナダの「国語」教育〈カナダの教育3〉　関口礼子他編著　三八〇〇円
- 21世紀にはばたくカナダの教育〈カナダの教育2〉　浪田克之介他編著　二八〇〇円
- ケベック州の教育〈カナダの教育1〉　小林順子他編著　二八〇〇円
- トランスナショナル高等教育の国際比較 —留学概念の転換　杉本均編著　三六〇〇円
- チュートリアルの伝播と変容 —イギリスからオーストラリアの大学へ　竹腰千絵　三六〇〇円
- ［新版］オーストラリア・ニュージーランドの教育 —グローバル社会を生き抜く力の育成に向けて　青木麻衣子・佐藤博志編著　二〇〇〇円
- 戦後オーストラリアの高等教育改革研究　杉本和弘　五八〇〇円
- オーストラリアのグローバル教育の理論と実践 —開発教育研究の継承と新たな展開　木村裕　三六〇〇円
- オーストラリアの教員養成とグローバリズム —多様性と公平性の保証に向けて　本柳とみ子　三八〇〇円
- オーストラリア学校経営改革の研究 —自律的学校経営とアカウンタビリティ　佐藤博志　三八〇〇円
- オーストラリアの言語教育政策 —多文化主義における「多様性と」「統一性」の揺らぎと共存　青木麻衣子　三四〇〇円
- 英国の教育　日英教育学会編　三八〇〇円
- イギリスの大学 —対位線の転移による質的転換　秦由美子　五八〇〇円
- イングランドのシティズンシップ教育政策の展開 —カリキュラム改革にみる国民意識の形成に着目して　菊地かおり　三二〇〇円
- 統一「ドイツ」教育の多様性と質保証 —日本への示唆　坂野慎二　六〇〇〇円
- ドイツ統一・EU統合とグローバリズム　木戸裕　二八〇〇円
- 教育における国家原理と市場原理 —チリ現代教育史に関する研究　斉藤泰雄　三二〇〇円
- 中央アジアの教育とグローバリズム　嶺井明子編著　三二〇〇円
- インドの無認可学校研究 —公教育を支える「影の制度」　小原優貴　三八〇〇円
- タイの人権教育政策の理論と実践 —人権と伝統的多様な文化との関係　馬場智子　三〇〇〇円
- バングラデシュ農村の初等教育制度受容　日下部達哉　二八〇〇円
- マレーシア青年期女性の進路形成　鴨川明子　四七〇〇円
- 東アジアにおける留学生移動のパラダイム転換 —大学国際化と「英語プログラム」の日韓比較　嶋内佐絵　三六〇〇円

〒113-0023　東京都文京区向丘1-20-6　　TEL 03-3818-5521　FAX 03-3818-5514　振替 00110-6-37828
Email tk203444@fsinet.or.jp　URL:http://www.toshindo-pub.com/

※定価：表示価格（本体）＋税

東信堂

- ペルーの民衆教育 —「社会を変える」教育の変容と学校での受容　工藤瞳　三三〇〇円
- アセアン共同体の市民性教育　平田利文編著　三七〇〇円
- 市民性教育の研究—日本とタイの比較　平田利文編著　四二〇〇円
- 社会を創る市民の教育—協働によるシティズンシップ教育の実践　大友秀明・桐谷正信編著　二五〇〇円
- 現代ドイツ政治・社会学習論—「事実教授」の展開過程の分析　大友秀明　五二〇〇円
- アメリカにおける多文化的歴史カリキュラム　桐谷正信　三六〇〇円
- アメリカ公民教育におけるサービス・ラーニング　唐木清志　四六〇〇円
- 社会形成力育成カリキュラムの研究　西村公孝　六五〇〇円
- 比較教育学事典　日本比較教育学会編　二一〇〇〇円
- 比較教育学の地平を拓く　森山下肖子編著　四六〇〇円
- 比較教育学—越境のレッスン　馬越徹編著　三六〇〇円
- 国際教育開発の研究射程—「持続可能な社会のための比較教育学の最前線」を求めて　M・ブレイ／馬越徹・大塚豊監訳　三八〇〇円
- 国際教育開発の再検討—途上国の基礎教育普及に向けて　北村友人編著　二八〇〇円
- 発展途上国の保育と国際協力　浜野隆・三輪千明編著　二四〇〇円
- 中国教育の文化的基盤　顧明遠著・大塚豊監訳　二九〇〇円
- 中国大学入試研究—変貌する国家の人材選抜　大塚豊　三六〇〇円
- 東アジアの大学・大学院入学者選抜制度の比較—中国・台湾・韓国・日本　南部広孝　三三〇〇円
- 中国高等教育独学試験制度の展開　南部広孝　三二〇〇円
- 中国の職業教育拡大政策—背景・実現過程・帰結　劉文君　五〇四八円
- 中国における大学奨学金制度と評価　王帥　五四〇〇円
- 中国高等教育の拡大と教育機会の変容　王傑　三九〇〇円
- 現代中国初中等教育の多様化と教育改革　楠山研　三六〇〇円
- グローバル人材育成と国際バカロレア—アジア諸国のIB導入実態　李霞編著　二九〇〇円
- 文革後中国基礎教育における「主体性」の育成　李霞　二八〇〇円
- 韓国大学改革のダイナミズム—ワールドクラス〈WCU〉への挑戦　馬越徹　二七〇〇円

〒113-0023　東京都文京区向丘1-20-6　TEL 03-3818-5521　FAX 03-3818-5514　振替 00110-6-37828
Email tk203444@fsinet.or.jp　URL http://www.toshindo-pub.com/

※定価：表示価格（本体）＋税

東信堂

ネオリベラル期教育の思想と構造 ―書き換えられた教育の原理	福田誠治	六二〇〇円
世界の外国人学校	末藤美津子編著	三八〇〇円
アメリカ 間違いがまかり通っている時代 ―公立学校の企業型改革への批判と解決法	末藤美津子訳	三八〇〇円
教育による社会的正義の実現 ―アメリカの挑戦（1945-1980）	D・ラヴィッチ著 末藤美津子訳	五六〇〇円
学校改革抗争の100年 ―20世紀アメリカ教育史	D・ラヴィッチ著 末藤・宮本・佐藤訳	六四〇〇円
アメリカ公立学校の社会史 ―コモンスクールからNCLB法まで	W・J・リース著 小川佳万・浅沼茂監訳	四六〇〇円
アメリカ学校財政制度の公正化	竺沙知章	三四〇〇円
現代アメリカの教育アセスメント行政の展開 ―マサチューセッツ州（MCASテスト）を中心に	北野秋男編	四八〇〇円
アメリカ公民教育におけるサービス・ラーニング	唐木清志	四六〇〇円
【増補版】現代アメリカにおける学力形成論の展開 ―スタンダードに基づくカリキュラムの設計	石井英真	四六〇〇円
ハーバード・プロジェクト・ゼロの芸術認知理論とその実践 ―内なる知性とクリエイティビティを育むハワード・ガードナーの教育戦略	池内慈朗	六五〇〇円
アメリカにおける学校認証評価の現代的展開	浜田博文編著	二八〇〇円
アメリカにおける多文化的歴史カリキュラム	桐谷正信	三六〇〇円
現代ドイツ政治・社会学習論	大友秀明	五二〇〇円
現代教育制度改革への提言 上・下	日本教育制度学会編	各二八〇〇円
「事実教授」の展開過程の分析	村田翼夫編著	二八〇〇円
日本の教育をどうデザインするか	上田学編著	三八〇〇円
現代日本の教育課題 ―二一世紀の方向性を探る	岩槻知也他編著	二八〇〇円
バイリンガルテキスト現代日本の教育	村田翼夫編著	三六〇〇円
人格形成概念の誕生 ―近代アメリカの教育概念史	田中智志	三八〇〇円
社会性概念の構築 ―アメリカ進歩主義教育の概念史	田中智志編著	二〇〇〇円
グローバルな学びへ ―協同と刷新の教育	田中智志編著	二〇〇〇円
学びを支える活動へ ―存在論の深みから	田中智志編著	三八〇〇円
社会形成力育成カリキュラムの研究	西村公孝	六五〇〇円
社会科は「不確実性」で活性化する ―未来を開くコミュニケーション型授業の提案	吉永潤	二四〇〇円

〒113-0023 東京都文京区向丘1-20-6　TEL 03-3818-5521　FAX03-3818-5514　振替 00110-6-37828
Email tk203444@fsinet.or.jp　URL:http://www.toshindo-pub.com/

※定価：表示価格（本体）＋税

東信堂

書名	著者	価格
附属新潟中式「3つの重点」を生かした確かな学びを促す授業 ―教科独自の眼鏡を育むことが「主体的・対話的で深い学び」の鍵となる!	新潟大学教育学部附属新潟中学校 編著	二〇〇〇円
ICEモデルで拓く主体的な学び ―成長を促すフレームワークの実践	柾磨昭孝	二〇〇〇円
社会に通用する持続可能なアクティブラーニング ―ICEモデルが大学と社会をつなぐ	土持ゲーリー法一	二〇〇〇円
ポートフォリオが日本の大学を変える ―ティーチング・ポートフォリオ/アカデミック・ポートフォリオの活用	土持ゲーリー法一	二五〇〇円
ティーチング・ポートフォリオ―授業改善の秘訣	土持ゲーリー法一	一五〇〇円
ラーニング・ポートフォリオ―学習改善の秘訣	S・ヤング&R・ウィルソン著 土持ゲーリー法一訳	一五〇〇円
「主体的学び」につなげる評価と学習方法 ―カナダで実践されるICEモデル	土持ゲーリー法一	一八〇〇円
主体的学び 別冊 高大接続改革	主体的学び研究所編	一八〇〇円
主体的学び 5号	主体的学び研究所編	一八〇〇円
主体的学び 4号	主体的学び研究所編	二〇〇〇円
主体的学び 3号	主体的学び研究所編	一六〇〇円
主体的学び 2号	主体的学び研究所編	一六〇〇円
主体的学び 創刊号	主体的学び研究所編	一八〇〇円

溝上慎一 監修　アクティブラーニング・シリーズ（全7巻）

書名	著者	価格
①アクティブラーニングの技法・授業デザイン	安永悟 編	一六〇〇円
②アクティブラーニングとしてのPBLと探究的な学習	溝上慎一・成田秀夫 編	一八〇〇円
③アクティブラーニングの評価	松下佳代・石井英真 編	一六〇〇円
④高等学校におけるアクティブラーニング：理論編 改訂版	溝上慎一 編	一六〇〇円
⑤高等学校におけるアクティブラーニング：事例編	溝上慎一 編	二〇〇〇円
⑥アクティブラーニングをどう始めるか	成田秀夫 編	一六〇〇円
⑦失敗事例から学ぶ大学でのアクティブラーニング	亀倉正彦	一六〇〇円

書名	著者	価格
アクティブラーニングと教授学習パラダイムの転換	溝上慎一	二四〇〇円
大学のアクティブラーニング	河合塾編著	三三〇〇円
「学び」の質を保証するアクティブラーニング ―3年間の全国大学調査から	河合塾編著	二〇〇〇円
「深い学び」につながるアクティブラーニング ―全国大学の学科調査報告とカリキュラム設計の課題	河合塾編著	二八〇〇円
アクティブラーニングでなぜ学生が成長するのか ―経済系・工学系の全国大学調査からみえてきたこと	河合塾編著	二八〇〇円

〒113-0023　東京都文京区向丘 1-20-6
TEL 03-3818-5521　FAX03-3818-5514　振替 00110-6-37828
Email tk203444@fsinet.or.jp　URL·http://www.toshindo-pub.com/

※定価：表示価格（本体）＋税

東信堂

放送大学に学んで
——未来を拓く学びの軌跡　放送大学中国・四国ブロック学習センター編　二〇〇〇円

ソーシャルキャピタルと生涯学習　J・フィールド　矢野裕俊監訳　二五〇〇円

成人教育の社会学——パワー・アート・ライフコース　髙橋満編著　三二〇〇円

NPOの公共性と生涯学習のガバナンス　髙橋満　二八〇〇円

コミュニティワークの教育的実践　髙橋満　二〇〇〇円

学級規模と指導方法の社会学——実態と教育効果　山崎博敏　三二〇〇円

高等専修学校における適応と進路——後期中等教育のセーフティネット　伊藤秀樹　四六〇〇円

「夢追い」型進路形成の功罪——高校改革の社会学　荒川葉　二八〇〇円

進路形成に対する「在り方生き方指導」の功罪——高校進路指導の社会学　望月由起　三六〇〇円

教育から職業へのトランジション——若者の就労と進路職業選択の社会学　山内乾史編著　二六〇〇円

教育と不平等の社会理論——再生産論をこえて　小内透　三三〇〇円

マナーと作法の社会学　加野芳正編著　二四〇〇円

マナーと作法の人間学　矢野智司編著　二〇〇〇円

拡大する社会格差に挑む教育　西村和雄・大森不二雄・倉元直樹・木村拓也編　二四〇〇円

混迷する評価の時代——教育評価を根底から問う　西村和雄・大森不二雄・倉元直樹・木村拓也編　二四〇〇円

教育における評価とモラル　戸瀬和雄編　二四〇〇円

〈シリーズ 日本の教育を問いなおす〉

〈大転換期と教育社会構造：地域社会変革の学習社会論的考察〉

第1巻　教育社会史——日本とイタリアと　小林甫　七八〇〇円

第2巻　現代的教養I——生活者生涯学習の地域的展開　小林甫　六八〇〇円

　　　　現代的教養II——技術者生涯学習の生成と展望　小林甫　六八〇〇円

第3巻　学習力変革——地域自治と社会構築　小林甫　近刊

第4巻　社会共生力——東アジアと成人学習　小林甫　近刊

〒113-0023　東京都文京区向丘 1-20-6
TEL 03-3818-5521　FAX03-3818-5514　振替 00110-6-37828
Email tk203444@fsinet.or.jp　URL:http://www.toshindo-pub.com/

※定価：表示価格（本体）＋税